LES PROBLÈMES LOGISTIQUES DANS LES EGLISES AFRICAINES

EXEMPLE

L'Eglise Presbytérienne Camerounaise

«Le danger, ce n'est pas ce qu'on ignore, c'est ce que l'on tient pour certain et qui ne l'est pas».

Mark Twain

Par

Le Rév. Dr. F. K. Akoa-Mongo

DÉDICACE

Je dédie ce livre à tous les missionnaires qui ont consacré leurs vies pour apporter la Bonne Nouvelle du salut aux peuples africains en général et aux camerounais et camerounaises en particulier. C'est grâce à eux que nos pères sont sortis du paganisme pour devenir les enfants de lumière malgré les imperfections de l'homme.

Notre prière est que les sacrifices que tous les peuples chrétiens du monde occidental ont consenti à travers les individus et les organisations missionnaires ne seront pas en vain. Que nous allons relever les défis et continuer l'œuvre de sauver les âmes .

Que le sol camerounais soit légère pour tous les missionnaires qui se reposent sous les herbes et les arbres de nos stations en attendant le Jour du retour du Seigneur .

Que la gloire soit à Dieu.

L'Auteur

François K. Akoa-Mongo est le fils du feu Pasteur François Akoa Abômô. Il est un Pasteur presbytérien/ Son neveu Stéphane l'appelle son exilé oncle aux Etats-Unis.

Ce livre est son 20ième livres tous publiés et disponibles pour achat dans Amazon.fr. Ses publications sont en français et en anglais.

François est l'esclave du Seigneur Jésus dont il sert depuis 48 ans. Il est Pasteur d'une petite paroisse de l'Eglise Congrégationelle au Maine depuis 23 ans. Il vit au Maine avec tous ses enfants et sa femme Katherine.

TABLE DE MATIÈRES

PRÉFACE

Le titre de ce petit livre est "Les Problèmes Logistiques dans les Eglises Africaines : Exemple l'Eglise Presbytérienne Camerounaise". Pour quelle raison ai-je choisi ce titre? Le contenu de ce livre est une démonstration de son titre.

Je suis né, ai grandi et ai servi pendant plusieurs années les paroisses de l'Eglise Presbytérienne Camerounaise tant rurales qu'urbaines. Mon père pourrait être considéré comme le fondateur de l'EPC. J'ai reçu ma vocation au ministère pastoral quelques mois avant la date du 11/11/ 1957. Depuis 1991, je sers une petite paroisse protestante ici au Maine. Je connais comment se gèrent les paroisses au Cameroun et maintenant aux USA. Je vis l'évolution des églises chrétiennes dans le monde entier. Avec mon expérience qui couvre déjà plus d'un demi-siècle dans les cercles chrétiens, je me trouve à mesure de dire quelque chose à mes frères et soeurs chrétiens tant du Cameroun que dans toute l'Afrique en matière la gestion et de la logistique au sein de l'Eglise du Christ.

Quelque chose est commune à toutes les églises de l'Afrique noire : presque toutes descendent des œuvres missionnaires, que ce soit des œuvres américaines, britaniques, français,es hollandaises, espagnoles, portugaises, italiennes etc....Non seulement que ces missionnaires ont apporté la Bible, mais ils ont implanté des institutions comme les écoles, les hôpitaux, les orphelinats, les séminaires, et ainsi ils ont laissé des biens en nature et en espèces. Nous avions hérité des stations, des immeubles, des terrains, du matériels et des âmes qui nous revenaient à nourrir continuellement. Si on pouvait visiter les photos de ces années 1960 et visiter tous ce que nous avions reçu de leurs mains aujourd'hui, que ce soit les stations, les bâtiments, les institutions, qu'en dirions-nous ?

Selon le dictionnaire Larousse, la logistique se définit comme "l'ensemble de méthodes et de moyens relatifs à l'organisation d'un service, d'une entreprise, etc., et comprenant les manutentions, les transports, les conditionnements et parfois les approvisionnements".

Toute institution sociale doit avoir une logistique pour pouvoir remplir ses objectifs de la société. Nous avons dépassé le temps de la mendicité, de la dépendance, de l'immobilisme, et des attentes. Nous vivons le temps de la programmation, de la planification, des provisions et prévisions. Les calculs n'annulent pas la foi et la providence divine. Il est impossible de séparer l'Evangile de Jésus Christ d'avec la vie du converti, ou de celui qui l'annonce. Nous ne pouvons parler du message qu'en rapport à la vie vécue. Le premier chrétien connu par l'africain était le missionnaire. Pour qu'il vive comme un chrétien, il devait donc imiter le missionnaire et non frayer sa propre voie pour vivre sa nouvelle vie en Christ.

Prenons par exemple le cas de l'Eglise Presbytérienne Camerounaise; les missionnaires américains ont travaillé chez nous pendant 107 avant que nous puissions devenir nous-mêmes les responsables en chef de l'Eglise du Christ au Cameroun. Après l'obtention de notre autonomie en 1957, tous les premiers responsables de l'Eglise pendant les premiers 20 ans de son existence descendaient de leur formation théologique soit localement, soit dans les institutions chrétiennes d'Europe et d'Amérique.. Nous sommes témoins ou avons appris de leur gestion. Les 40 dernières années jusqu'aujourd'hui sont celles de notre propre gestion. Qu'en disons nous ?

Quand l'EPC. a demandé son autonomie de la Mission Presbytérienne Américaine, elle avait promis assumer ses responsabilités administratives, évangéliques et financières; Se sont là des responsabilités logistiques.

Ce livre va démontrer si oui ou non l'Eglise Presbytérienne Camerounaise, comme bien d'autres Eglises Chrétiennes Africaines témoigne de manquements dans ce domaine logistique

INTRODUCTION

Je suis né avant la deuxième guerre mondiale.
Jusqu'aujourd'hui en 2014, j'ai vécu pendant la période
des grands changements historiques dans le monde.
Non seulement que l'Afrique était encore colonisée,
mais l'homme blanc occupait tous les postes jusqu'aux
directeurs des écoles primaires à cycle complet.
Puisque le Cameroun était sous-tutelle de la France, les
français était en charge.
Pour qu'un officiel comme Chef de Subdivision
s'adresse au public, il lui fallait un interprète qui savait
un peu parler français. Si on avait le niveau
élémentaire, on était un savant du coin. La langue
enseignée et parlée au sein de la Mission Protestante
Américaine était le Boulou. Les missionnaires
habitaient les plus belles maisons du pays. Elles étaient
en blanc et sur pilotis. Ces stations étaient les très
belles petites villes dans laquelle on retrouvait un
grand hôpital avec un camp pour les infirmiers et
infirmières, un grand camp construit en brique de terre

pour abriter une cinquantaine d'ouvriers qualifiés en maçonnerie, en mécanique, en menuiserie, des chauffeurs, des jardiniers, et des tailleurs de gazon. Il y avait une école primaire à deux camps avec dortoirs pour les garçons et pour les filles. Un grand camp pour les moniteurs , un grand atelier de menuiserie, un garage pour la mécanique, et un grand temple construit au milieu de la ville.

Les courts étaient couvertes de belles pelouses arborisées couvrant les espaces vertes et les routes reliant les institutions de la station. Les stations missionnaires étaient de beaux bijoux qu'on retrouvait par-ci et par-là au milieu des forêts camerounaises. Nul par ailleurs, sauf chez les missionnaires américains on trouvait une telle beauté.

A cette époque, les stations des missionnaires dépassaient de loin les investissements de tous les étrangers, que ce soit ceux des autres frères missionnaires, les compagnies commerciales, ou ceux de l'administration coloniale.

Je me rappelle quand l'abbé Paul Etoga était installé comme Evêque Auxiliaire de l'Archidiocèse de Yaoundé. Quelque temps après Monseigneur est monté au même titre à Douala. Monsieur André-Marie Mbida formait le premier gouvernement camerounais, et le Pasteur Akoa Abômô était installé comme le premier Secrétaire Général de l'EPC. Les problèmes dont il s'agit dans ce livre sont nés en même temps que nous avions occupés les positions administratives et financières en remplaçant soit les missionnaires, soit les administrateurs des colonies. Les dommages causés à partir de ces années ne sont que grandissants.

Il y a trois problèmes de base que ce livre va traiter. Il y a le problème de gestion, le gaspillage et le vol des biens matériels et financiers de l'Eglise du Christ en Afrique; il y a le problèmes de la destruction et du manque de leaders spirituels pour guider les troupeaux du Christ en Afrique, et il y a le problème de l'enseignement ; ce que les Eglises enseignent, soit dans la formation des leaders, soit dans la formation spirituelle. Ces trois problèmes affectent totalement la Bonne Nouvelle qui est incarnée dans tout ce que fait l'Eglise du Christ dans la communauté.

J'ai lu quelque part comment la grande majorité de théologiens africains condamnent le travail des missionnaires. Me représentant les temps historiques pendant lesquels les premiers missionnaires américains, français, anglais, espagnols, portugais, allemands, suisses et autres quittaient leurs pays pour venir en Afrique noire, même en cette période de ma vie, je me trouve capable et sans le niveau de foi qu'ils avaient pour consentir de tels sacrifices. Sommes-nous capables de faire ce qu'ils ont fait quelque part ailleurs à nos jours ? Avec la malaria qui les décimaient, les serpents venimeux les animaux féroces qui les menaçaient dans la forêts équatoriale, les marches à pieds, le manque de nourriture et d'eau potable, le manque d'habitat, les problèmes de langue, l'ignorance et la brutalité des races, je me demande si ceux qui critiquent ces dévots chrétiens peuvent à leur tour prouver qu'ils ont autant d'amour pour Dieu et pour les êtres humains.

Je me demande si nos dirigeants des églises africaines sont capables d'évaluer en argent et en personnel les coûts que ces missions étrangères avaient engagés pendant les années de missions chez nous. Les églises et organismes qui envoyaient des missionnaires dépensaient énormément d'argent pour leur transport, leur hébergement, leur vie en Afrique, les constructions des temples, des hôpitaux, des écoles, des stations, l'entretien du personnel africains, le salaire des employés de tous genre y compris les maîtres d'école, les infirmiers, les catéchistes, les pasteurs autochtones, et tout ce qu'on peut inclure comme dépenses et cela pendant au moins 100 ans de travail missionnaire. Sommes-nous capables de sortir de telles sommes même à nos jours ou faire autant dans un autre pays du monde ?

Quand je visite les anciennes stations de Batanga, d'Efulan, d'Elat, de Bibia, et de Djoungolo et vois les tombes des missionnaires, sachant que l'esprit mission - naire a totalement disparu chez nous, je me demande si nous connaissons le vrai sens de l'amour, de la foi, de la Bonne Nouvelle du salut ?

Je voudrais ouvrir les yeux à tout le monde sur ce qui se passe et comment si nous continuons de suivre la même voie, agissant comme il a été le cas pendant les derniers 60 ans de notre autonomie, en moins de 100 ans partant de maintenant, l'EPC serait méconnaissable. Heureuse-ment , Jésus est la tète de son Eglise.

Que personne ne dise que c'est impossible que

cela pourrait arriver dans notre Eglise. N'oublions pas ce que l'histoire nous rapporte. L'Asie Mineure et l'Afrique du Nord étaient les premiers et grands foyers du Christianisme au premiers et deuxième siècles ; tout cela a disparu avant le cinquième siècle; n'oublions pas qu'au 15e siècle les portugais avaient apporté la Bonne Nouvelle au Kongo et que vers le 17e siècle, on ne retrouvait que les ruines de cette première évangélisation en Afrique Noire ; n'oublions pas que les cathédrales et les grands temples chrétiens que nous voyons partout maintenant vides en Angleterre, en France, aux Pays-Bas, en Ecosse, et en Amérique du Nord étaient pleins du dix-septième au vingtième siècles. Malgré les grands hommes de foi, des leaders spirituels et les grandes écoles de formation théologique, la chrétienté de ses pays connaît de graves problèmes de nos jours. La question est de savoir si les Eglises Chrétiennes Africaines vont survivre si, partant de leur naissance, leur gestion, leur spiritualité et le domains regardant l'éthique chrétiennes accusent tant de tards de nos jours.

CHAPITRE 1

POURQUOI LES MISSIONNAIRES EN AFRIQUE NOIRE ?

Ce premier chapitre va traiter de la question de savoir le pourquoi les missionnaires en Afrique noire.

Après la mort de Jésus Christ, celui-ci avait recommandé la Grande Commission à ces disciples dans Matthieu 28:18-19 en leur disant'" Tout pouvoir m'a été donné dans le ciel et sur la terre. Allez, faites de toutes les nations des disciples, les baptisant au nom du Père, du Fils et du Saint Esprit". C'est à cause de la persécution que les disciples sont partis de Jérusalem rendant possible l'évangélisation des gentils jusqu'à pousser la Bonne Nouvelle jusqu'à Rome. Même les disciples qui sont allés aussi loin que l'Inde par exemple l'ont fait parce que les juifs ne voulaient pas se reformer selon le travail de leur Messie.

A partir du premier siècle jusqu'au 15e, la Bonne Nouvelle de Jésus Christ était devenu l'affaire des européens à par deux exceptions: la grande floraison de l'Evangile en Afrique du Nord avec les grandes têtes comme Tertullien (160–225) et St. Augustin (354 – 430),puis l'église copte en Ethiopie.

Quoique l'Afrique du Nord fait parti du monde connu depuis l'antiquité, les européens ne s'étaient pas aventuré au-delà des tropiques pour essayer d'atteindre l'Afrique noire. Les Arabes qui pratiquaient l'esclavage des noirs depuis des siècles avaient tracé des routes dans le désert du Sahara pour traiter avec les chefs noirs de la zone intérieur d'Afrique. Les noms comme Kanem, Kano et Tombouctou devaient être familiers à tout le monde. Le Portugal était le premier pays européen à fouler le sol africain au Sud de l'équateur. La preuve est qu'une large population noire importée d'Afrique Noire se trouvait au Portugal au 15e siècle. Elle provenait du Kongo.

Il nous est rapporté qu'au 15e siècle, Alfonso 1er (Nzinga Mnemba) le roi du Kongo avait dit ceci" chaque jour, les marchands enlèvent nos sujets, enfants de ce pays, fils de nos nobles et vassaux, des gens de notre parenté (...) pour éviter cet abus, nous n'avons besoin en ce royaume que de prêtres et de quelques personnes pour enseigner dans les écoles (...) c'est notre volonté que ce royaume ne soit un lieu ni de traite ni de transit d'esclaves" C'est sur cette fondation que royaume du Kongo devint le premier champ missionnaire en Afrique Noire.

Quoique ce champ avait fleuri jusqu'à avoir un évêque, vers l'an 1700, le christianisme avait totalement disparu du Kongo. L'une des causes étant la non maturité des kongolais. Il nous est rapportait qu'ils attendaient tout du Portugal pour la survie de l'église. Aussi, la demande en esclaves était devenue une priorité pour le Portugal avec la découverte des Amériques.

1. LA FIN DE L'ESCLAVAGE

Les anglais, les français, les portugais les américains, les néerlandais, et les espagnols s'étant bougrement enrichis ont affermi le système capitaliste grâce à la main d'oeuvre gratuite des esclaves noirs. le sens humanitaire grâce aux églises chrétienne et le parlement anglais. Voici les quatre raisons qui ont permis l'arrêt de la déportation des populations noires comme esclaves. Premièrement il y a eu le 18e siècle comme siècle de lumière. Le mouvement révolutionnaire libertin qui avait commencé en France avec la prise de la Bastille s'est combiné avec les sentiments égalitaristes, humanitaristes et abolitionnistes de plusieurs peuples européens et des églises chrétiennes. Les noirs de Haïti obtinrent leur Independence en 1804 après la France et les Etats-Unis. L'idée de rapatriement en Afrique des anciens esclaves eut pour résultat la création de Sierra Leone (1787) et de la Libéria (1822) comme terres d'accueil de ceux venant d'Angleterre et des Etats-Unis respectivement. Le Danemark était le premier pays à abolir l'esclavage en 1792. L'Angleterre avait suivi en1807. Pour un demi siècle les forces navales anglaises patrouillaient les eaux atlantiques pour arrêter les bateaux négriers afin de décourager l'importation des esclaves d'Afrique. Le Parlement anglais avait bâti l'esclavage en 1833. Ce n'était qu'après la guerre civile que les Etats Unis ont libéré leurs esclaves en 1880. Mais ceux-ci les rendaient riches grâce à la production du coton, du sucre et du tabac qui se faisaient des les îles caribéennes et les Amériques.

Il a donc fallu une triste situation, un événement qui est hors de compréhension, la traite des noirs allant du Sénégal jusqu'à la Mozambique. Celle-ci qui a décimé l'Afrique Noire de plus de 400.000.000 d'âmes pendant plus de 400 ans est la cause profonde qui a motive les européens et les américains de venir évangéliser l'Afrique Noire.

La raison fondamentale de venir en Afrique Noire n'était de faire des africains des chrétiens, mais de les éduquer de considérer que leurs frères comme des êtres précieux.

CHAPITRE II

LES MISSIONNAIRES
EN AFRIQUE NOIRE

C'était au 15e siècle que la foi chrétienne avait atteint l'Afrique Noire pour la première fois. Plus précisément les portugais les chrétiens catholiques étaient porteurs de cette Bonne Nouvelle au royaume du Kongo en cette période. Ceux-ci avec l'appui du pape, ont évangélisé à partir de la famille royale jusqu'aux populations kongolaises. C'était avant que les intérêts commerciaux liés à la traite des esclaves priment et contrebalancent les intérêts spirituels chez eux.

Nous ne traiterons pas ni les temps de l'Eglise chrétienne en Afrique du Nord, ni ceux du 15e siècle avec les portugais au Kongo. Ce livre va s'occuper de la période allant vers les années 1833 caractérisée par les vagues des missionnaires Jamaïcains, Américains et

Européens venus au Liberia. Leurs expansions dans d'autres zones de l'Afrique Centrale vont pouvoir atteindre le Gabon, l'île de Fernando Poo, la Guinée Equatoriale et enfin le Cameroun. Le Congo sera encore évangéliser à partir de 1880 par le canal de la Baptist Mission Society. Cette fois-ci, c'est le Pasteur Grendell qui partait de la zone de l'estuaire du Wouri au Cameroun qui avait conduit le groupe des évangélistes parmi lesquels étaient des camerounais.(1) par le canal des missionnaire Le second volet de ce livre va traiter de ce que sont devenues ces Missions Chrétiennes transformées en Eglises autochtones et autonomes avant pendant au après que les pays africains au Sud du Sahara aient obtenu leurs indépendances vers les années 1960-1970.

1. RAISONS POUR CES DATES

Ces dates limitent notre livre par ce qu'elles marquent la période pendant laquelle l'Afrique Noire a atteint sa maturité spirituelle et politique. La grande majorité des églises chrétiennes de l'Afrique noire ont eu à la tête de leurs organisations les natifs qui avaient, pour la première fois, accédé aux titres comme Evêque, Archevêque, Président, Secrétaire Général et autre désignation qui marquait la fin du travail missionnaire et la prise en charge par les nationaux de toutes les directions des activités des Eglises Chrétiennes Africaines.

2. CHRÉTIENS EN AFRIQUE NOIRE

Comme en politique, les leaders religieux annonçaient à leurs homologues missionnaires qu'ils avaient atteint la maturité spirituelle et qu'ils voulaient se considérer membres de l'Eglise Universelle à part entière.

Le travail missionnaire en Afrique noire ne c'était pas limité à sauver les âmes; il couvrait tous les domaines de la vie d'un être humain.

Rappelons-nous les circonstances qui ont motivé les jamaïcains, les américains et les européens de venir avec la Bible en Afrique. Avec la complicité des européens et des américains qui achetaient les esclaves, les chefs africains qui recevaient des fusils, du sel, du vin et des ustensiles de travail des mains des esclavagistes en échange de leur frères. Il est certain que ces chefs ne savaient pas ce devenaient leurs frères et sœurs vendus. Pour arrêter le fléau qui avait déjà dépouillé l'Afrique de plus de 80.000.000 d'âmes de ces chers enfants, après presque 400 ans, les missionnaires venaient émanciper les africains pour qu'ils puissent s'aimer

3. LES JAMAÏCAINS

Les jamaïcains missionnaires sont venus au Liberia pour éviter que le Blanc use d'une autre forme de domination sur l'homme noir par le moyen de l'Evangile. D'ailleurs, ils étaient contre le colonialisme en Afrique. Malheureusement, ils n'avaient pas assez de moyens pour fonder plusieurs missions.

Quant aux missionnaires américains et européens, ils avaient un double but : sauver les âmes et émanciper l'homme noir. C'est pour cette raison que le Pasteur missionnaire était accompagné du médecin pour soigner les corps, du maître pour enseigner à lire, du technicien pour enseigneur l'art et de l'agronome pour former l'agriculture afin que les populations soient bien nourries, et le travail de sa femme consistait à donner une éducation ménagère aux femmes indigènes.

4. LA STATION MISSIONNAIRE

Quand le missionnaire s'installait dans ce qu'on appelait la station, il se construisait une petite ville dans laquelle on retrouvait une église pour sauver les âmes à travers les prédications et les enseignements bibliques, un hôpital pour soigner les corps des maladies qui venaient un peu de partout, une école pour instruire les jeunes gens et les jeunes filles, des ateliers pour former les adultes dans l'art: maçonnerie, menuiserie, charpenterie, et des jardins potagers pour entraîner les élèves à cultiver la nourriture dont ils se partageaient eux-mêmes dans les dortoirs.

La station, cette petite ville américaine construite en pleine forêt africaine. C'était les seuls lieux où on pouvait vair la beauté de la nature fabriquée en toutes pièces. Les belles maisons blanches parfois sur pilotis, les bâtiments qui abritaient les institutions comme l'hôpital, les salles de classes et autres n'avaient pas d'égaux dans la région. Même les villes des colons n'égalaient en splendeur les villages missionnaires.

Tous les africains qui étaient en contacts avec les missionnaires se passaient pour des sages, des civilisés, les nobles, et les personnes plus respectées de leur zone. Ceci pouvait être à cause de l'emploi: enseignant, infirmier, manoeuvre, chauffeur, jardinier, et même du simple fait qu'on a fréquenté les écoles de la mission ou qu'on est chrétien.

Les premiers diplômés de l'école française au Cameroun étaient des élèves enseignés par des missionnaires. Mon feu père, le Rév. François Akoa Abômô formé à Elat par Mademoiselle Fromelle en 1922, était le troisième camerounais à passer l'examen de Diplôme de Moniteur Indigène. Les deux autres lauréats étaient les douala. Un avait passé l'examen à la session de 1921. L'année suivante, François Akoa Abômô et Bitoté Akwa étaient les deux lauréats. François Akoa Abômô sera le premier noir Directeur enseignant d'une école qui présentait les élèves au CEP au Cameroun. Ses anciens élèves étaient Charles Assa'ale Mbiam, l'ancien Premier Ministre du Cameroun, Foé Elom, le Dr. Avele, les Révs. Abessôlô Nkôtô Marcel et Matthias Meye me Nkpwele pour ne nommer que ceux-là.

5.LES INSTITUTIONS MISSIONNAIRES

L'Ecole Professionnelle Frank James était la première à former les camerounais en couture, en cannerie, dans l'art de travailler l'ivoire, à scier et à travailler le bois, à transformer les peaux d'animaux en cuir pour fabriquer les chaussures, la maçonnerie, la ménuiserie,la charpenterie, l'électricité, et la mécanique.

L'hôpital Central d'Enongal avec ses grands docteurs et spécialistes dépassait l'Hôpital Central de Yaoundé dans presque tous les domaines. Les léproseries de Ndjazeng et d'Evindisi étaient les meilleurs de la nation. L'Ecole Normale de Foulassi fondée en 1925 formait les grands maîtres qui avaient fait marquer l'enseignement protestant au Cameroun. Cette école est devenue la pépinière des premiers intellectuels de la nation camerounaise. Ses anciens élèves instituteurs quittaient la Mission pour des raisons financières car le gouvernement leur proposait des salaires supérieurs à ce qu'ils recevaient à la Mission Protestante Américaine.

6. L'INFLUENCE MISSIONNAIRE

Le chrétien membre soit de le Mission Catholique, Baptiste, Evangélique, Luthérienne , Presbytérienne et autres des années 1950 pouvait témoigner combien sa vie était profondément et mûrement influencée par les missionnaires. Les colons, quoique maîtres des domaines économiques, politiques, administratifs, commerciaux et éducatifs n'ont pas eu autant d'influence positive sur la population comparativement aux missionnaires. Ceux-ci passaient pour les parents des chrétiens et chrétiennes. Les missionnaires parlaient la langue du peuple ; ils dormaient sur leurs lits, mangeaient leur nourriture, prenaient soin d'eux et étaient devenus leurs amis. Les colons brimaient et maltraitent les populations ; ils les exploitaient comme ils exploitaient le pays. Le cas de ce missionnaire qui s'est tué à Batanga parce qu'il avait perdu le cas du terrain en justice. Les Bano'o ayant eu gain de cause, par honte, ce missionnaire s'est suicidé. Son intention n'était pas de faire de cette parcelle de terrain une propriété personnelle ou qu'il allait l'emporter en Amérique. Aujourd'hui, nous demandons au responsable de la paroisse de Nasseau à Batanga de retrouver les limites domaniales du terrain appartenant à la station, celui-ci serait incapable de nous informer. Il est fort possible que le terrain de cette station a déjà été vendu par nous les camerounais. Personne ne vous dira ce qu'on a fait de cet argent. Le même cas serait Elat, Bibia, Njoungolo et autres places. De tels gestes n'honorent pas le Seigneur. Ce qui prouve que nous, chrétiens camerounais, nous n'avons pas le même estime et respect des choses données à Dieu que les missionnaires qui ont tout fait pour nous les laisser.

7. LE CAS DE L'EPC.

Pour le cas de l'Eglise Presbytérienne Camerounaise, les missionnaires américains avaient passé 107 sur notre sol. Presque les premières stations missionnaires (Batanga, Efulan, Elat, Bibia, Olama) sont jalonnées des tombes des missionnaires. A Batanga par exemple, Madame Adams est d'abord morte pendant que le couple travaillait dans cette station. Son mari ayant prit la retraite après de nombreuses années de travail missionnaire ici au Cameroun, rentré aux USA, il est mort là-bas. Ses centres sont revenus pour être enterrées auprès de sa femme à Batanga. Leur fille, le Dr. Adams qui a aussi dévouée sa vie à la mission comme Médecin dans les hôpitaux de l'Eglise, ayant pris sa retraite aux USA, elle est morte et ses centres se reposent également auprès de ses parents à Batanga. Je connais comment les américains entretiennent leurs cimetières. Il y a des employés qui sont à temps plein pour prendre soin des cimetières. Des tombes remontant à des centaines d'années restent encore identifiables. Des générations passent pour venir soir là où se repose leur ancêtre. Voilà les tombes de ceux qui nous ont temps aimés négligées et perdues dans les stations ! Même si Jésus était enterré chez nous, sa tombe serait perdue aujourd'hui. Est-ce que nous, chrétiens camerounais comprenons vraiment le sens du grand amour que ces missionnaires avaient pour nous?

8. LE DÉPART DES MISSIONNAIRES

Quand les missionnaires sont partis du Cameroun, par exemple, l'entreprise évangélique était à son apogée. Les chrétiens se comptaient par milliers. Pour la première fois, les jeunes gens se destinaient au ministère pastoral. Avant cela, c'était plutôt les anciens fonctionnaires, agents commerciaux et anciens maîtres des écoles de la mission qui quittaient leurs emplois pour entrer au Séminaire. A l'exception de l'Eglise Catholique qui recrutait les jeunes avec le niveau du CEP, le souci de former les jeunes ministres pour une période de 8 ans était né. C'est pour cela que le Petit Séminaire de Bibia a vu le jour. 10 ans plus tard, la promotion de 30 est sortie en 1967.

Le collège évangélique de Libamba recevait les dons des Etats-Unis et subvenions de la FIDES pour son expansion en salles de classes et habitats pour son personnel. La Faculté de Théologie Protestante voyait ses portes ouvertes à Djoungolo. Le Grand Séminaire de Nkol-Bisson s'ouvrait chez les Catholiques. Le vieux campus d'Otélé fut abandonné. Les Adventistes agrandissaient leurs Séminaire de Nnanga Eboko qui avait déjà les visions universitaires. Le collège Alfred Saker, avec de Pasteur Ekolo en tête, inaugurait ses nouveaux bâtiments. L'Eglise Presbytérienne du Cameroun Occident sous la direction de l'honorable Kansen avec le Séminaire de Nyassoso battait son plain.

L'aumônerie des étudiants en France, dirigée par le Pasteur Mallo encadrait nos étudiants à l'Etranger. La Fédération des Eglises et Missions qui avait encore le Pasteur Keller, n'avait aucun problème. Le Pasteur Kotto était à la tête de l'Eglise Evangélique de Douala, le Pasteur Mbendé dirigeait les Eglises Baptistes. Partout, tout allait très bien.

9. LES MISSIONNAIRES EN PARTANT

Je me rappelle encore de mon ancien professeur du Nouveau Testament, le Pasteur David Neely qui nous racontait en classe en 1966 concernant la rapidité avec laquelle les paroisses de l'Eglise Presbytérienne Américaine perdaient leurs membres. Ceci causait la diminution en offrandes et en dons pour le support missionnaire. Par conséquent la COEMAR était forcé de réduire le nombre et les fonds missionnaires dans les champs et le support aux Eglises étrangères.

Au sein même de l'Eglise Presbytérienne Américaine, il y avait de menaces de divisions et les questions sur les points doctrinaux devenaient très épineux. Il nous disait aussi qu'il était temps qu'il rentre aux Etats-Unis pour voir s'il pouvait contribuer à sauvegarder son Eglise.

10. L'ANALYSE DE L'AUTEUR

En essayant d'analyser ce que nous disaient les Travailleurs Fraternels en ces moments, voici quelques concluions à tirer :

(1) les Eglises d'Afrique Centrale, celles que les missionnaires ont remis entre les mains des africains en général et les camerounais en particulier, étaient en plaine forme;

(2) Les missionnaires étaient convaincu que l'Afrique Centrale était le futur de l'Eglise de Jésus Christ dans le monde. Ils étaient convaincu qu'ils avaient répondu à l'appel et qu'il était tant de rentrer chez eux.

(3) d'après les entretiens que nous autres avions eu avec ces anciens missionnaires, ils croyaient qu'un jour, nous allions rentrer chez eux leur apporter l'Evangile à nouveau. Ces Travailleurs Fraternels qui, à l'époque, prêchaient devant des milliers de personnes au Cameroun savaient qu'ils allaient bientôt rentrer dans des petites paroisses de dizaines de membres.

(4) Le Pasteur camerounais comprend-il qu'on peut avoir une paroisse avec 15-20 membres ? Comprend-il que plusieurs paroisses ferment et une fois vendus, on transforme ses temples en habitats ? Qu'il comprenne que ces choses se passent déjà dans les pays qui nous ont apporté la Bonne Nouvelle. La question est que pouvons-nous faire maintenant pour que cela n'arrive pas chez nous, et si cela va nous arriver, quelles seraient les mesures à prendre maintenant pour amoindrir les dommages ? Rappelons nous qu'au 18e siècle le Board des Missions Etrangères aux Etats-Unis avait plus d'argent que le gouvernement fédéral.

Quelles leçons pouvons-nous apprendre dans tout ce que nous venons de lire ?

11. LES USA ET LES MISSIONS

L'Amérique était un pays adonné aux missions évangéliques dans le monde. Son chrétien du temps missionnaire était dévoué, volontiers de consentir d'énormes sacrifices au nom de notre Seigneur Jésus Christ. Le missionnaire quittant l'Afrique Centrale en 1957 se disait qu'il rentrait chez lui pour commencer un autre champ missionnaire comme il l'avait fait chez nous. Le savions-nous alors, le savons-nous maintenant? Répondons à ces trois questions: (1) Quelle est notre réaction à ce qui se passe depuis 1960 dans les pays qui nous ont apporté la Bonne Nouvelle ? (2) Tant les pays européens que Nord Américains se présentent maintenant comme des pays à évangéliser. Leurs temples se vident alors que les nôtres se remplissent de plus en plus. Sommes-nous conscients de leurs situations? (3) Y-a-t-il une leçon à tirer sur les expériences et les l'évolution historique dans le domaine spirituel et religieux et l'organisation institutionnelle de l'Eglise du Christ dans les anciens pays chrétiens anglais, espagnols, portugais, américains, italiens, français, allemands, et hollandais ? Si oui, la ou lesquelles?

CHAPITRE III

LES PROBLÈMES NON RÉSOLUS PAR LES MISSIONNAIRES

Le but de l'oeuvre missionnaire était spirituelle. Il était en conformité avec la mort de Jésus sur la croix ; c'était pour sauver tous les êtres humains du péché pour leur donner vie éternelle par la foi. Jean chapitre 3:16 dit," Car Dieu a tant aimé le monde, qu'il a donné son Fils unique, afin que quiconque croit en lui ne périsse point, mais qu'il ait la vie éternelle". Cet objectif était atteint après plus de 100 ans de dur laboureur, de sacrifices de tous gendres. Les tombes qui jalonnent nos sols africains en sont les témoignage. Je me rappelle d'une épitaphe de l'une de leurs tombes: "Akôsabo a wuya, a ngenan a kobô'ô". « Quoi que mort, il continue de parler ". Ces noms et ces tombes marquent l'histoire de la propagation de la Bonne Nouvelle chez nous. Nous avons entendu ces noms; nous reconnaissons ses figures sur les photos laissées par nos parents; leurs oeuvres nous ont conduit à la maturité qui caractérise l'amour de Dieu qui remplit nos coeur, notre dévotion à la cause religieuse, notre foi en Dieu, notre salut par sa grâce et la patience et l'espoir qui nous remplissent en attendant le retour de notre Seigneur. Sans ses dons, sans ces contributions, et sans ses sacrifices, il serait impossible que nous parlions aujourd'hui de l'Eglise de Jésus Christ en Afrique Centrale.

Le salut en Jésus s'acquiert une seule fois; mais la sanctification et la régénération sont permanentes mais progressives. Leur acquisition sera complète le jour de notre rencontre avec le Seigneur. Ce que Dieu veut c'est notre sanctification comme le dit Hébreux 12:14 RECHERCHEZ LA PAIX AVEC TOUS, ET LA SANCTIFICATION, SANS LAQUELLE PERSONNE NE VERRA LE SEIGNEUR".

1. LA DISCIPLINE DANS L'EGLISE

DU FAIT QUE L'AFRICAIN NE FAISAIT PAS PREUVE DE SON ENGAGEMENT ET DEVOTION

TOTALE A DIEU, LE MISSIONNAIRE A INSTITUE LES MESURES DISCIPLINAIRES TRES SEVERES. CELLES-CI ALLAIENT DES BLAMES, DES HUMILIATIONS PUBLIQUES DEVANT LES ASSEMBLEES DE L'EGLISE, LA MISE SOUS-DISCIPLINE JUSQU'AU RENVOI DES POSTES EMPLOIS DE L'EGLISE. IL Y AVAIT MEME LES CAS DE FLAGELLATIONS CORPORELLES ET RETRAITS DE PRIVILEGES. IL FALLAIT SEULEMENT QUE LA FAUTE COMMISE PAR UN CHRETIEN SOIT CONNUE PAR LES OFFICIERS DE L'EGLISE POUR QUE L'UNE OU PLUSIEURS DE SES PUNITIONS LUI SOIT INFLIGEE. JE ME RAPPELLE DES CAS OU UN MAITRE D'ECOLE AVAIT PERDU SON EMPLOI PARCE QU'UN ANCIEN L'AVAIT APERÇU BUVANT UNE PRIERE.

UN CERTAIN ETUDIANT LICENCIE AVAIT PASSE PLUS DE 15 ATTENDANT SA CONSECRATION PASTORALE PARCE QU'IL ETAIT SOUPÇONNE AVOIR COMMIS ADULTERE. PUBLIQUEMENT, PERSONNE NE L'ACCUSAIT D'ADULTERE ; AUCUN TRIBUNAL N'A EU LIEU

JUSQU'AU JOUR QU'ON AVAIT DECIDE DE BON
GRE QU'IL SOIT CONSACRE.

2. LA POLICE CHRETIENNE

LE MISSIONNAIRE TRAVAILLAIT AVEC DES
AGENTS SECRETS. IL UTILISAIT LES ANCIENS, LES
CATECHISTES LES EMPLOYES DE L'EGLISE,
D'AUTRES CHRETIENS ET PARFOIS D'AUTRES
PASTEURS POUR ETABLIR UNE POLICE
CHRETIENNE. CELUI OU CELLE QUI LUI
REVELAIT LE MAUVAIS ACTE DE L'AUTRE
DEVENAIT SON FAVORI. SI LE MISSIONNAIRE
POUVAIT EMPRISONNER LE CHRETIEN POUR LE
REFORMER, IL L'AURAIT FAIT. NOUS POUVONS
NOUS DEMANDER POURQUOI TOUT CELA?
AVAIT-IL RAISON OU NON? LA REPONSE A
CETTE QUESTION VIENDRA PROCHAINEMENT.
NOUS SAVONS QUE PERSONNE NE PEUT
VOIR DIEU SANS LA SANCTIFICATION ET LA
SANCTIFICATION NE PEUT S'OPERER QUE
QUAND LE CHRETIEN DEVIENT LE TEMPLE DU
SAINT ESPRIT.

3. LES OFFICIERS : DES DIEUX

LA DISCIPLINE MISSIONNAIRE AVAIT FAIT DES
OFFICIERS ET MEME DES AUTRES CHRETIENS DES
DIEUX ET LE SAINT ESPRIT. AUSSI LONGTEMPS
QUE LES OFFICIERS DE L'EGLISE ET D'AUTRES
CHRETIENS NE SAVAIENT PAS CE QU'ON
FAISAIT, AUSSI LONGTEMPS QUE CE QU'ON FAIT
EST EN CACHETTE, CELUI OU CELLE QUI AGIT EN
CACHETTE N'A PAS DE PECHE. LA CONSCIENCE
CHRETIENNE CHEZ LES CAMEROUNAIS ET
CAMEROUNAISE A CE NIVEAU SEMBLAIT
INSENSIBLE. ON NE VOYAIT AUCUNE
CONSEQUENCE DISCIPLINAIRE DANS CE QU'ON
FAISAIT. D'AILLEURS, ON DIRAIT QUE DIEU
N'ETAIT PAS AU COURANT AUSSI LONGTEMPS
QUE LES OFFICIERS NE L'ETAIENT PAS. ON
DORMAIT BIEN. ON ETAIT TRANQUILLE. FAIRE
CE QUI ETAIT INTERDIT DEVIENT PERMIS. VOILA
LE RESULTAT DE L'ENSEIGNEMENT DE LA VIE
CHRETIENNE SELON LES MISSIONNAIRES.
SAVAIENT-ILS PERTINEMMENT QUE TEL ETAIT LE
CAS ? JUGEZ-LE VOUS-MEMES. LA VRAIE

QUESTION EST CELLE DE SAVOIR SI QUELQUES-
UNES DES SEQUELLES DE CETTE THEOLOGIE DE
LA NON-CONSCIENCE CHRETIENNE
SE TROUVENT CHEZ LE CHRETIEN DE L'EPC.
D'AUJOURD'HUI ?

4. QUE DIT LA BIBLE?

EN ETUDIANT BIEN LA FOI CHRETIENNE, NOUS
APPRENONS QUE : (1) L'HOMME DOIT SE
RECONNAITRE PECHEUR. ROMAINS 3:13 "Car tous
ont péché et sont privés de la gloire de Dieu". Ce verset
est la base de la possibilité de notre salut, car Jésus ne
peut sauver qu'un pécheur et non un saint; (2) ce n'est
que celui qui a péché qui peut demander et recevoir le
pardon de Dieu. I Jean 1:9 dit," Si nous confessons nos
péchés, il est fidèle et juste pour nous pardonner nos
péchés et nous purifier de toute iniquité ".
L'enseignement des missionnaires ne permettait pas
aux chrétiens de reconnaître qu'ils sont des pécheurs et
par conséquent de confesser à Dieu leurs péchés. Selon
la Bible, se ne sont que les pécheurs qui sont pardonnés
et purifiés. (3) La vraie confession n'est que celle faite

au Saint Dieu. Quand Isaïe a vu Dieu au temple, les paroles qu'il a prononcées dans Esaïe 6:5 "Malheur à moi ! je suis perdu, car je suis un homme dont les lèvres sont impures, j'habite au milieu d'un peuple dont les lèvres sont impures, et mes yeux ont vu le Roi, l'Éternel des armées". Ce n'est pas une déclaration fantaisiste. Il s'était reconnu pécheur; il était en présence du Dieu Saint. Ce n'est que quand le chrétien se reconnaît pécheur, qu'il reconnaît la sainteté de Dieu, sa majesté, la puissance, sa gloire et sa pureté qu'il peut chercher sa sanctification.

5. LES RELATIONS PERSONNELLES ENTRE LE CHRÉTIEN ET DIEU.

Je peux conclure que l'enseignement missionnaire et encore plus celui qui continue dans la plus part des églises autonomes africaines ne parle pas des relations personnelles entre Dieu et le chrétien. Esaïe 6:1-8 est centré sur ces relations qui sont si importantes à quiconque qui connaît Dieu.

En lisant le contexte d'Esaïe 6, on croirait qu'il n'y avait pas d'autres personnes au temps; aucune mention d'un service religieux. Tout ce qui se dit se passait entre Esaïe et Dieu. Le chrétien est le temple du Dieu Saint. Il doit vivre les relations intimes entre lui et son Dieu en tout temps et toute place.

6. LE CHRÉTIEN APPARTIENT À DIEU.

le chrétien appartient à Dieu. La Bible dit qu'une fois rachetés, nous ne nous appartenons plus; nous appartenons au Seigneur. Jésus dans Jean 17 parle de ceux que son Père lui a donnés. Que ceux-là lui appartiennent et que personne de peut les lui arracher (Jean 17:6 "j'ai fait connaître ton nom aux hommes que tu m'as donnés du milieu du monde. Ils étaient à toi, et tu me les as donnés). I Corinthiens 3:16-17 "Ne savez-vous pas que vous êtes le temple de Dieu, et que l'Esprit de Dieu habite en vous? Si quelqu'un détruit le temple de Dieu, Dieu le détruira; car le temple de Dieu est saint, et c'est ce que vous êtes».

Si ces enseignements étaient ceux que les Missions Etrangères avaient inculqués dans nos esprits, les mesures disciplinaires, la police chrétienne, et la crainte des officiers ne seraient pas en place.

7. CRAINDRE ET AVOIR PEUR
DANS LE SENSE SPIRITUEL

Le sens de « la crainte de l'Eternel », cette crainte que doit avoir celui qui croit en Dieu, celui qui a été sauvé par le sang du Christ sur la croix a été mal enseignée et interprétée en Afrique Noire. Le colons ainsi bien que le missionnaire, ceux qui avaient autorité allant même jusqu'aux parents ont confondu la crainte à la peur. On a peur de quelque chose qui peut faire du mal, mais on craint celui qu'on respecte, qu'on honore, qui est digne, vénéré et saint. On craint celui qu'on aime et ne voudrait pas faire du mal. On craint celui avec qui on aimerait avoir de bonnes relations. Donc dans le verbe craindre, il y a dedans le respect, l'honneur, la sainteté, la pureté, l'amour, la peur, la gloire et même la dépendance. Le mot en hébreux pour représenter tout cela est « cavoth ». Ce mot n'a pas d'équivalent en anglais ou en français. Seul Dieu est ainsi craint.

Dans la crainte de Dieu, il n'y a pas de menace ou de danger. Le chrétien craint Dieu non pas parce qu'il va l'envoyer aux enfers (puisqu'il n'a rien à faire avec l'enfer). Il craint Dieu parce que Dieu est saint, honorable, glorieux, respectable, pure, puissant, omniscient, aimable et que le chrétien dépend totalement de lui. Il vit par la vie que Dieu lui donne.

Paul le décrit d'une manière claire dans Galates 2 :20 « J'ai été crucifié avec Christ; et si je vis, ce n'est plus moi qui vis, c'est Christ qui vit en moi; si je vis maintenant dans la chair, je vis dans la foi au Fils de Dieu, qui m'a aimé et qui s'est livré lui-même pour moi".

Si le chrétien camerounais pouvait reconnaître avoir été crucifié avec Christ, ce qui veut dire que son vieil homme était mort sur la croix, et que la vie qu'il vit maintenant n'est pas sa vie mais la vie de Christ qui vit en lui quoi qu'il soit encore dans la chair. Le croyons-nous quand les actes suivants décrivent la vie de la majorité :

(1)   Les pratiques de la sorcellerie

(2)   la croyance aux pratiques de koñ

(3)   les pratique de la divination

(4)   les consultations les magiciens

(5)   les invocations des esprits

(6)   l'idolâtrie

(7)   les infidélité sexuelles

(8) Vivre comme de grands voleurs

(9) la croyance aux envoûtements

Comment pouvons-nous réconcilier la personne décrite par Paul dans Galates et celle que nous trouvons aujourd'hui tant dans les rangs des officiers de l'église que ceux qui sont assis sur la chair? Sont-ce la quelques-uns des problèmes non résolus par les missionnaires?

On peut se demander si au juste les missionnaires savaient tous les problèmes que nous venons de soulever ; en avaient-ils fait sourdes oreilles ou se sont-ils trouvés dépassés par l'esprit païens des africains pendant toutes les années de leur séjour missionnaire en Afrique Noire ?

8. TOUT PÉCHÉ EST PÉCHÉ

Je reconnais que nous sommes tous des pécheurs et qu'aux yeux de Dieu, tout péché est péché capable nous faire perdre la vie éternelle. Le seul avantage que je trouve dans ma vie chrétienne est que, dans mes relations avec Dieu, je doit "travailler pour mon salut". J'aime la version qui dit," mettez en oeuvre votre salut avec crainte et tremblement ". Philippiens 2:13. Je crois à la sanctification qui me rapproche de plus en plus de celui qui m'a sauvé. Devrais-je me sentir à l'aise dans le péché alors qu'il est saint? Paul nous donne la raison dans Romains 6:1-2" Que dirons-nous donc? Demeurerions-nous dans le péché, afin que la grâce abonde? 2 Loin de là! Nous qui sommes morts au péché, comment vivrions-nous encore dans le péché? «

CHAPITRE IV

LES AFRICAINS ET LE DIEU DES CHRÉTIENS.

Voici ce que le Pasteur Modi Din issu de la Mission de Bâle avait dit en 1917 quand les missionnaires allamands se préparaient à partir du Cameroun abandonnant leur champ à cause de la première guerre mondiale de 1918 . Il avait prononcé ces paroles pendent qu'il rendait visite à une communauté chrétienne de Nyassoso : "Frères, les européens qui nous ont apporté l'Evangile nous ont quittés. Nous ne savons pas s'ils vont revenir. Mais quoi qu'il en soit, le travail de Dieu, c'est à nous de le continuer par nos propres efforts et par la puissance de son amour " 2

La crainte de l'Eternel est le commencement de toute science. Pro. 1 :7

_____

2) -Histoire du Christianisme au Cameroun p. 49)

1. LA CRAINTE ET LES NOIRS

Il y a trois mots clés dans le titre de ce chapitre <u>la crainte</u>, <u>le commencement</u> et <u>la science</u>. Nous aurons le temps de parler de tous les trois au cours des chapitres.

Le mot qui nous intéresse ici c'est la crainte ou la peur. Ce mot a différents sens. Nous allons donc essayer de les distinguer en voyant ce que la langue hébraïque et le Grecque disent.

1. La crainte ou la peur peut refléter le sens du respect et de l'honneur dûs ; c'est ce qu'est l'autre qui fait en sorte qu'on sente la crainte et ce genre de peur. Cette crainte se transforme en <u>sentiment</u> qui affecte la conduite de celui ou celle qui craint. Quant il s'agit d'une telle crainte ou peur, que la personne ou l'objet craint soit présent ou éloigné, le comportement du craintif reste le même. Pour traduire cette peur ou cette crainte, la langue hébraïque utilise le mot « yirah ». Dans Jonas 1:16, ceux qui étaient dans le bateau étaient saisis de la grande crainte de l'Éternel. C'est cette crainte qui fit en sorte qu'ils offrirent un sacrifice à l'Éternel, et firent des voeux. Aussi dans Psaume 90:11 « Qui connaît la force de ton courroux et ton

indignation, selon la crainte qui t'est due?. Si le craintif révère, honore et respecte celui ou l'objet de la crainte, il n'y aurait ni courroux ni indignation. Ce qui veut dire que s'il y a de l'irrespect et déshonneur, le courroux et l'indignation vont suivre automatiquement. Cet « yirah », par conséquent ne tolère ni irrespect ni indignation ni irrespect. L'objet ou la personne révérée provoque la crainte ou la peur. Cette crainte, cette peur de « yirah » peut aussi se qualifier de sainte craint. Dans Psaume 90 :11 il est dit qu'une telle crainte est « due » à l'Eternel. Celui ou celle qui sent une telle crainte ne fait que ce qui plaît à la personne crainte. Et puis ce nom n'est utilisé qu'envers Dieu, le croyant est prédisposé à ne faire que la volonté de Dieu qui est toujours juste, bon et honorable. Ce comportement du croyant est une conséquence de ce qu'est l'Eternel. S'il n'était pas ce qu'il est dans son essence, on ne lui devrait pas ce respect, cet honneur, cette dignité et ce service. Tout cela lui est due.

Nous ne craignons par Dieu selon ce mot « yirah » parce qu'il va nous faire du mal. Oui, si nous ne le craignons pas, nous allons nous attirer du mal parce que seule la révérence lui est due de notre part.

2. Quand ce nom «yirah» prend la forme verbale « yaré = craindre, cette crainte la peur devient le comportement du craintif ; le sentiment se transforme en habitude, <u>en attitude incarnée par celui qui révère l'Eternel</u>. Malachie 3:16 "Alors ceux qui craignent l'Éternel se sont parlés l'un à l'autre, et l'Éternel fut attentif et il écouta; et un mémoire fut écrit devant lui, pour ceux qui craignent l'Éternel et qui pensent à son nom". Ce qu'est l'Eternel affecte le comportement de ceux qui le craignent. Parce que l'Eternel desserve la révérence, on cultive l'habitude de le craindre.

3. Un autre verbe qui est traduit par craindre est « pachad «. Pachad en Hébreux veut dire craindre un danger, un mal, quelque chose de dangereux. Job 3:25a "Ce que je crains, c'est ce qui m'arrive". Aussi Psaume 119:120 « Ma chair frissonne de l'effroi que tu m'inspires. Et je crains tes jugements ». Craindre « pachad » ici prédit le malheur, la souffrance, la punition. Il y a même l'idée de terreur.

4. Un autre verbe qui est très difficile à traduire en Hébreux est « kabad ». Ce verbe en lui-même représente les verbes respecter, révérer, honorer,

craindre,(terrifier), dignifier et glorifier. Il y a aussi le sens de poids, pesant, de quelque chose dense; Exode 20:12 "Honore ton père et ta mère,".

5. Un autre verbe qui a aussi le sens se peur en Grec est « phobo » craindre/terrifier (Mathieu 28:4 Et dans leur frayeur les gardes avaient tremblé et étaient devenus comme morts, 1 Pierre 2:17), alors que révérence ou honneur est timao (1 Pierre 2:17 « Honorez tout le monde; aimez les frères; craignez Dieu; honorez le roi.). Craindre ici est « phobeisthe, fear, craignez c'est parce que parlant de Dieu au même niveau que le roi, il faut voir la punition dans le cas où il n'y a ni crainte envers Dieu ou honneur envers le roi.

2. LA CRAINTE POUR LE CHRÉTIEN

Quand nous parlons de la crainte, de craindre, d'avoir peur de l'Eternel, laquelle des définitions que nous avons couvertes est celle appropriée aux chrétiens ? Le chrétien ne craint pas Dieu dans le sens de « pachad » parce qu'il va lui faire du mal ; Il ne le craint dans le sens de « photo » pas parce qu'il va le punir, lui faire souffrir. Il le craint parce que Dieu est honorable, vénérable, respectable, digne, pur, aimable, glorifiable en lui-même. Dieu est la cause de sa crainte que l'homme lui doit. Le chrétien craint Dieu parce que quiconque qui est en relation avec Dieu doit avoir le sentiment et la culture de le craindre. Cette crainte « yirah » produit un effet positif chez celui qui est craintif de Dieu ; à cause de cette crainte, le chrétien produit les fruits qui plaisent à Dieu On dirait que c'est une application du conditionnement pavlovien(1). Cette crainte prend donc le nom de « sainte crainte »Craindre (yare) Dieu est toujours en l'homme en relation avec Dieu. Le revers de cette sainte crainte est qu'elle affecte positivement le craintif dans ses rapports avec Dieu et dans son caractère personnel; ces actes deviennent justes et bons et ses pensées se mettent en accord avec Dieu. Il ne peut avoir de telles relations

———

(1) C'est au savant russe et prix Nobel Ivan Petrovich Pavlov qu'on attribue la découverte du mécanisme de conditionnement. Il a découvert que des chiens pouvaient être conditionnés et se mettre à saliver en réponse à un stimulus non alimentaire que les animaux avaient appris à associer avec la nourriture.».

entre Dieu et l'homme sans cette sainte crainte, qui, par conséquent est la réponse de positivement les pensées et les attitudes de l'homme qui transcendent les espaces, normalisent ses actions, transformant et modèlant celui ou celle qui vit en relation avec son Dieu.

3. COMMENT S'ACQUIERT LA SAINTE CRAINTE.

Peut-on se dire et croire qu'on est chrétien sans jamais connaître cete sainte crainte de Dieu ? Romains 8:29-30 nous dit : « Ceux que d'avance il a connus, il les a aussi prédestinés à être conformes à l'image de son Fils, afin que celui-ci soit le premier-né d'une multitude de frères ; ceux qu'il a prédestinés, il les a aussi appelés ; ceux qu'il a appelés, il les a aussi justifiés ; et ceux qu'il a justifiés, il les a aussi glorifié".s

La sainte crainte vient de la personne de Dieu; c'est sa nature et son être. Si on n'est pas en relation avec Dieu, on ne peut ni sentir sa sainte crainte dans sa vie ni la cultiver. La sainte crainte , qui est Dieu lui-même, se révèle à ceux qu'il a choisi et qui lui appartiennent d'éternité en éternité.

4. PHOBOS EST LA CRAINTE
CONNUE DE BEAUCOUP DE GENS

La majorité des africains de par leur culture, connaissent la crainte qui est« phobos » qui est étroitement liée à la punition. C'est dans cette crainte qui élèvent leurs enfants, qui domine dans les lieux de service, qui règne dans les familles, et gouverne les actions de tous les cercles de la vie de leur société. Même au niveau de l'Eglise Chrétienne, les grands prédicateurs, pour amener les pécheurs à se convertir, prêchent souvent sur les textes qui parlent du Dernier Jugement, de l'Enfer et de son feu qui va brûler éternellement. Pendant de telles occasions, on a souvent vu plusieurs se lever de leurs sièges pour joindre les rangs de catéchumènes.

Que ce soient les prédicateurs qui utilisent la peur pour attirer les pécheurs à Jésus, que ce soient ceux qui confessent Jésus sur la peur du futur jugement et du feu, il est certain qu'en ce qui concerne la vraie foi en Jésus, les deux frappent totalement à côté de l'élément essentiel qui doit faire changer le pécheur et le rapprocher à Dieu. Seule, la sainte crainte qui n'a rien à faire avec le « phobos ", la peur que les enfants ont envers leurs parents, et nous savons tous comment vivent les enfants africains; ils cachent leurs mauvais actes et se comportent comme de petits agneaux aux yeux de leurs parents. Un enfant africain ne demande pas pardon à ses parents à cause du mal qu'il vient de commettre, mais parce qu'il a peur de la punition qui doit suivre son acte. Même les mariés ont cette peur envers les uns envers les autres: chacun présente une facette qui est tout à fait différente de celle connue par d'autres. Ceux qui vivent cette vie en double gardent jalousement l'autre facette cachée aussi longtemps qu'ils seront dans ce monde.

Cette peur « phobos » que nous confondons à la sainte crainte « yirah » a déjà criblé notre société chrétienne à tous les niveaux. Le mal est qu'elle est devenue la base de la foi chrétienne affectant profondément la conception et l'interprétation de la théologie sotériologique de tout le contient africain. Craindre Dieu doit agir de sa personne qui est ce qu'il est:L omnipotent, omnipresent, omniscient, le Dieu d'amour, celui qui nous a sauvés, s'est reconcilié avec nous et nous a justifies en Christ. C'est ce Dieu qui est

notre Père et ce Christ qui habite en nous et nous en lui.
Il n'y a rien qui peut nous séparer de lui. Nous sommes
devenus un et unis pour toujours. Nous vivons dans
les relations qui nous donnent la vie éternelle.

5. LAISSONS DIEU ÊTRE DIEU

Martin Luther avait dit, une fois à l'érudit humaniste
Erasme "Votre Dieu est trop comme un homme".
Erasme a crié "Laissez Dieu être Dieu!" Une citation
attribuée à plusieurs personnes, y compris Voltaire et
Mark Twain, dit "Dieu a créé l'homme a son image et
l'homme le lui a bien rendu." La plus part des gens
façonnent Dieu à leur image pour avoir un Dieu qu'ils
puissent maîtriser ; un Dieu qui ne demande pas trop.
C'est pour cela qu'ils ne craignent pas l'image de leur
création.
Nous allons établir ici les principaux aspects qui
différencient la peur « phobos » d'avec la sainte crainte
« yirah » de Dieu.
1. La crainte « phobos » a trait au danger, à la terreur, à
la punition. Les yeux de celui qui a peur sont fixés sur
ce qui va lui arriver à cause sa faute. Quand Dieu allait

rendre visite à Adam et Eve dans le jardin, les deux sont allés se cacher quand ils avaient entendu la voix de Dieu. Quand ce dernier les a appelés et qu'il voulait savoir pour quelle raison ils se cachaient, Adam lui a répondu : J'ai entendu ta voix dans le jardin, et j'ai eu peur, parce que je suis nu, et je me suis caché » Gen.3 :10. Adam ne tournait pas ses yeux vers la personne de Dieu, il ne craignait pas Dieu, il avait plutôt peur des conséquences de son péché. Dieu lui avait dit s'il allait mangé de ce fruit, il allait mourir. Dans le cas où il n'y avait pas punition, cette terreur, cette peur allait certainement s'évanouir.

Nous avons connu des adultes qui maltraitent leurs parents alors que quand ils étaient enfants ils les obéissaient. Quelques membres de nos congrégations, malgré le mal qu'ils ne cessent de commettre ont leur cœur tranquille et semblent être en paix faute d'accusateur. Aussi longtemps qu'on agit en cachette, que tout le monde le fait, qu'on a le pouvoir et la force, il n'y a rien à craindre. Une telle peur qu'on confond à la crainte croit à l'obscurité. Elle compte sur l'ignorance de l'autres, sur les moments, sur le temps, sur l'environnement, sur les circonstances et sur les privilèges ; tout ce qui donne les qualités anthropomorphiques à Dieu.

2. La crainte « yirah » a trait au respect, à la dignité, à l'honneur, à l'amour, à l'impureté, à la sainte terreur, à la grandeur, à l'omnipotence, à l'omniscience, à l'omniprésence, à la gloire de celui ou ce qui est craint. Donc, les yeux du craintif sont tournés vers celui ou l'objet craint. Contrairement à « phobos », il n'y a rien de négatif dans celle-ci ; pas de danger, de punition ou de terreur physique ; mais ce qui vient dans la pensée c'est l'idée de soumission, d'obéissance, de conformité, de droiture, de pureté, d'obligation et de devoir envers celui ou l'objet craint.

Cette crainte « yirah » est sentimentale. Elle touche le cœur, affecte l'émotion et forme le bon caractère du craintif. Elle le rend sage, voyant, attentif, capable, confiant, positif et assuré en lui-même. Alors que la crainte « phobos » rend le craintif, faible, hostile, émotif, déséquilibré, ignorant, et douteux en lui-même. Le chrétien qui a la crainte « phobos » envers son Dieu est celui qui base sa foi sur les règles et les règlements, les formalités et l'approbation des hommes. Celui-ci n'est pas en règle avec Dieu, parce qu'il ne fait pas

en public ce qu'il fait en secret. C'est celui qui
croit que Dieu est limité dans l'espace et dans le temps.
Par contre le chrétien qui craint « yirah » Dieu est celui
qui vit en la présence de Dieu à chaque minute ; il sait
que Dieu le regarde et par conséquent, il cherche à lui
plaire dans toutes ses actions. Il peut faire en public ce
qu'il fait en secret. Il cherche l'approbation de Dieu
avant celle des hommes.

Le verset de proverbes 1 :17 dit « La crainte de l'Éternel
est le commencement de la connaissance ». C'est en
ayant reçu la révélation de la crainte « yirah » de
l'Eternel que le chrétien peut commencer, peut se
mettre sur la voie des trois important éléments qui son
engloutis dans le mot que nous traduisons soit par « la
connaissance, ou la sagesse ».

Du fait que celui ou ce qui est craint n'est pas ignorant,
et qu'il transcend les lieux, les places et le temps les
circonstances, cette crainte est permanente, constante,
et toujours actuelle

Ne serait-il pas ici le cœur de notre problème, le
problème de notre foi, celui de notre compréhension
d'être en Christ et Christ en nous, d'être en relation
avec le Dieu de la Bible ? Est-ce là la pauvre

compréhension de qui Dieu est qu'on arrive à confondre la crainte – photos ou pashah avec la sainte crainte « yirah « .

Je vois ici le problème linguistique qui a conduit Martin Luther à trouver la paix et à sa totale reconciliation avec Dieu à travers la doctrine de la Justification par la foi en Jésus Christ. L'Eglise Cotholique Romaine interpretait Romains 1 :17 » parce qu'en lui est révélée la justice de Dieu par la foi et pour la foi, selon qu'il est écrit: Le juste vivra par la foi », comme quoi quand l'homme fait des bonnes œuvres à l'Eglise, c'est celle-ci qui le déclare juste et il vit par la foi qu'il a en l'Eglise. Si l'Eglise declare que vous êtes justifié, vous l'êtes. Alors qu'il s'agit de la justification dans laquelle l'homme est passif ; le sang de Christ versé sur la croix nous justifie, justifie les pécheurs qui croient en son œuvre, son sacrifice pour satisfaire Dieu de notre part. Nous sommes sauvés par la grâce de Dieu et non par nos œuvres ; nos œuvres sont preuves de notre remerciement à Dieu qui nous a sauvés par la grâce qui est un don. Celui qui croit reste encore pecheur en lui-même, mais il est déclaré juste devant Dieu. Voilà l'interpretation protestante. Le verbe

« justifier » en grec est passif ; c'est « être justifié » ; justifié par quelqu'un d'autre et cet autre est Dieu, à cause du sacrifice expiatoire de Jésus Christ.

L'africain en général et le camerounais presbyterien en particulier doit avoir peur de Dieu pour qui Dieu est et non pour ce que Dieu peut lui faire. C'est cette sainte peur qui transforme, forme, modèle, renouvele et fait en sorte qu'on vive la vie chrétienne, la morale chrétienne en l'homme chrétien qui a un cœur pensant et une conscience divine à cause de la preesence du Saint Esprit qui y réside.

6. LE VRAI COMMENCEMENT

Le mot « commencement » dénote une détermination, une direction, une orientation, et une destination. Un proverbe africain dit que si on ne sait pas là où on va, il faut regarder là où on vient. Pour qu'un chrétien parle d'un commencement, c'est dire qu'il a choisi quelque chose de mieux que tout ce qu'il a connu jusque-là. Ce commencement devrait-être différent de celui du premier Adam. De celui qui nous a conduit à la séparation avec Dieu et à la mort spirituelle. Ce commencement doit être solidement uni avec la sainte crainte de l'Eternel et non toute autre crainte. Cette crainte « yirah » place l'homme converti devant le Dieu omnipotent, omniprésent, omniscient, du Dieu honorable, saint, pur, glorieux, terrifiant à cause de sa gloire, de ce Dieu qui mérite d'être glorifié et servi par tous les humains. Ce commencement est celui qui se fait en esprit et en vérité. Ce commencement se fait dans l'obéissance et l'humilité. Ce commencent est celui que l'Esprit annonce le départ.

7. LE COMMENCEMENT DE LA SAGESSE.

Confucius a dit, « On a deux vies. La deuxième commence le jour où on réalise qu'on en a juste une ». Voici ce que dit le commentaire de Mathieu Henry sur ce verset » Ce verset énonce cette vérité, que la crainte de l'Eternel est le commencement de la sagesse (Proverbes 1:7), elle est la partie principale de la connaissance ; cette crainte est à la tête de la connaissance de (1.) toutes les choses qui doivent être connues, - Dieu est à craindre, à révérer, à servir et à

adorer. C'est donc le commencement de la science. (2.)
Pour la réalisation de toutes les connaissances utiles il
est nécessaire que nous craignons Dieu. C'est quand
nos esprits sont possédés par la sainte crainte de Dieu
que nous serons capables de retenir les instructions qui
nous sont données. A cause de cette prédisposition
chacune de nos pensées serait disponible à l'obéissance.
Toutes nos connaissances prennent naissance dans la
crainte de Dieu. Ceux qui connaissent assez sont ceux
qui craignent Dieu, qui font attention à tous égards et
ont peur de l'offenser car il est l'alpha et l'oméga de
toutes les connaissances . C'est pour dire que l'œil de
Dieu doit à la fois diriger et accélérer l'ensemble de nos
activités des connaissances ».2

Le mot que nous traduisons par sagesse ou
connaissance est rendu par trois mot en Hébreux.
Cette phrase en hébreux se lit comme suit. « La crainte
de l'Eternel est le commencement de la connaissance, la
sagesse, et de la discipline ».

Donc, selon cette phrase, si on vit dans la crainte de
Dieu que j'aimerais appeler « la sainte crainte « de

2/Matthew Henry's Commentary. Vol. 3 pp. 649-650

Dieu, premièrement on acquiert la connaissance. La crainte de Dieu donne la connaissance. Nous définissions la connaissance comme la capacité d'apprendre ce qui n'est pas encore connu. Cette crainte ouvre les portes au craintif de recevoir l'instruction et devenir instruit, savant. Elle élimine l'ignorance ; et on reçoit le savoir. Deuxièmement, cette crainte donne au craintif la sagesse. On peut devenir savant sans pour autant avoir la sagesse. Nous définissions la sagesse comme la connaissance expérimentée dans la vie de chaque jour. Donc la sainte crainte convie au craintif la capacité de bien mettre en pratique les connaissances acquises. Il n'y a pas de possibilité d'erreur pour celui qui vit dans la crainte de Dieu parce qu'il connaît ce qu'il faut faire parce qu'il a la connaissance et sait comment mettre cette connaissance en application. Troisièmement, celui qui vit dans la crainte de l'Eternel, a la discipline. La discipline est la maîtrise systématique des méthodes conduisant à la réussite des actes. Donc, celui qui craint l'Eternel ayant la connaissance et la sagesse sait comment les mettre à profit pour servir et faire aboutir les objectifs de Dieu dans sa vie.

John Wesley dans son livre "Presque Chrétien" dit :
"L'homme juste évite le péché parce qu'il aime ce qui
est droit. L'homme méchant l'évite par peur d'être
puni ». Le craintif qui vit dans la peur de l'Eternel et le
craintif qui craint l'Eternel sont deux personnes dont la
conception de l'Eternel n'est pas la même. Par
conséquent, leurs objectifs dans la vie restent
diamétralement opposés. Pour la première personne,
elle profite des limitations anthropologiques de son
Eternel pour mener une vie libertine, alors que pour la
seconde, cette personne devient l'instrument de
l'Eternel qui accomplit en elle les objectifs de sa
volonté.

Cette thèse est efficace parce qu'elle confirme la
réponse à la première question du Catéchisme
Heidelberg.

Question 1: Quelle est ton unique consolation dans la
vie et dans la mort?
La réponse est celle-ci: C'est que, de corps et d'âme, tant
dans la vie que dans la mort (Romains 14.7-8),
j'appartiens, non pas à moi-même (1 Cor 6.19) , mais à
Jésus-Christ, mon fidèle Sauveur (1 Corinthiens 3.23),

qui, par son sang précieux (1 Pierre 1.18-19), a parfaitement payé pour tous mes péchés (1 Jean 1.7; 2.2) et m'a délivré de toute la puissance du diable (1 Jean 3.8). Il me garde si bien (Jean 6.39) qu'il ne peut pas tomber même un cheveu de ma tête sans la volonté de mon Père céleste (Matthieu 10.29-31; Luc 21.18) et que même toutes choses doivent concourir à mon salut (Romains 8.28). C'est pourquoi il m'assure par son Saint-Esprit d'avoir la vie éternelle (2 Corinthiens 1.20-22; Ephésiens 1.13-14; Romains 8.16) et me donne la volonté et la disposition de vivre désormais pour lui en l'aimant de tout cœur (Romains 8.14).

Quand on a la sainte crainte de Dieu, on reçoit la connaissance qui est l'illumination de la tête, la sagesse qui est la sommes des expériences des connaissances acquises, et la discipline, qui est la capacité d'appliquer les connaissances et les expériences vécues.
Par conséquent, il n'y a pas de possibilité que quelqu'un qui craint Dieu puisse être ignorant puis qu'il est capable de maîtriser l'instruction qui lui fait acquérir les connaissances nécessaires qui lui donnent en même temps l'expérience d'un sage capable de bien appliquer ses acquis intellectuels.

8. LES CONSÉQUENCES DE LA CRAINTE DE L'ETERNEL DANS LA VIE DU CRAINTIF CHRÉTIEN.

Voici quelques conséquences qu'apporte la crainte de l'Eternel dans la vie et le comportement du craintif chrétien en rapport à son Dieu :

(1) Elle est une qualité spirituelle qui habite et anime le cœur du chrétien.

(2) Elle est la marque du grand respect que le chrétien doit envers son Dieu et son Sauveur.

(3) Elle est la marque d'un cœur qui ne veut point déshonorer son Seigneur.

(4) Elle est une réalité qui est dans le cœur de l'enfant de Dieu. 2 Timothée 3 :15

(5) Elle est la source de sa santé spirituelle et de sa vie lui rendant capable de se détourner du mal. Prov.13 :14

(6) Elle anime le chrétien dans son obéissance et sa soumission à la volonté de Dieu, à sa Parole et au Saint Esprit.

(7) La crainte de l'Eternel mène à la vie pour le chrétien. Proverbes 19 :23

(8) Elle établit les relations personnelles et intimes entre le chrétien et son Seigneur. Prov. 3 :32

(9) Elle promet la protection du Seigneur au chrétien. Luc 14 :4.

(10) Elle promet au craintif chrétien la révélation de la volonté de Dieu. Jean 15 :15.

(11) Elle promet au craintif chrétien sa guérison totale venant du Seigneur. Malachie 4 :2-3

(12) Elle engendre en le chrétien craintif un amour, une obéissance et une adoration spontanée.

Voulons-nous dire que le chrétien qui craint « yirah » Dieu devient un saint parce qu'il semble incapable de pécher ? La seule manière par laquelle l'homme ne pourrait plus pécher c'est quand nous quitterons cette terre et resterons éternellement avec le Seigneur. Le chrétien qui vit dans cette position vis-à-vis de son Dieu a très peu de change de tomber en tentation comparativement à celui qui vit dans la crainte « phobos » car le Dieu de ce dernier est si loin et ignore Presque ce que fait cet homme à chaque minute. Par exemple, quel enfant a plus de possibilités de manger les légumes, celui qui voit sa mère les manger chaque jour ou celui qui n'a jamais vu quelqu'un les manger ?

Nous sommes d'accord avec John Petit-Senn qui a dit, » Prévenir les objections vaut mieux que d'exceller à y répondre et l'homme le plus habile à sortir des mauvais pas ne vaudra jamais celui qui sait les éviter ». Laisser la crainte de l'Eternel envahir le cœur d'une créature humaine qui a déjà connu le salaire du péché, et qui se réjouit dans la grâce qui lui a été offerte sur la croix, est la seule et meilleure disposition de celui qui a tourné son dos à Satan et a embrassé la croix salvatrice du Christ.

9. VOICI D'AUTRES CONSÉQUENCES RÉSULTANTES DE LA CRAINTE DE DIEU VIS- À-VIS DU CRAINTIF :

1. Celui qui craint « yirah » Dieu connaît l'amour de Dieu.
Il n'a pas peur de Dieu mais il l'aime d'un amour parfait.
2. Celui qui craint Dieu se détourne du mal et s'il pêche, non seulement qu'il s'éloigne du péché mais aussi se répand du mal qu'il a fait. Proverbes. 16 :6

3.Celui qui craint l'Eternel craint aussi la punition de Dieu. Proverbes 22 :15, Romains 11 :22

10. QU'AVONS-NOUS BESOIN
DANS CE MONDE ?

L'homme est à la recherche de trois choses : la connaissance, la sagesse et la discipline. Selon la première partie du proverbe qui est l'objet de ce développement, seule la crainte de l'Eternel qui peut nous les faire acquérir. La seconde partie de ce proverbe dit »… Les insensés méprisent la sagesse et l'instruction, Prov. 1:7b. Ce qui veut donc dire que tous ceux qui ne craignent « yirah » l'Eternel, du fait qu'il leur manquent de la connaissance, de la sagesse et de la discipline, les adjectifs suivants les qualifient ; ils sont donc insensés, fous, sans intelligence, intellectuellement faibles, sans jugement, sans discernement, ridicules et stupides. Ces adjectifs sont les équivalents du mot insensés aussi traduit par fous.

La porte du savoir nous permettant à la fois d'éviter le péché et de nous permettre de ne faire que la volonté de Dieu nous est ouverte en le craignant à cause de qui il est en lui-même : un Dieu glorieux, adorable, honorable, omnipotent, omniprésent, omniscient, saint, pur, plein d'amour, un Dieu juste, celui qui hait le mal et l'injuste, le Dieu éternel, inchangeable, immuable, l'Alpha et l'Oméga, celui qui était est et sera éternellement. C'est ce Dieu qui s'est révélé à nous à travers son Fils, Jésus Christ. Quiconque qui est en relation personnelle avec lui ne peut que le craindre et vivre dans la connaissance, la sagesse et la discipline qui émane de Lui.

Voilà la voie du salut que tout être humain doit suivre pour vivre une vie qui glorifie notre Dieu qui est aux cieux et son Fils notre Sauveur.

Quelqu'un peut me demander la raison de ce chapitre qui est presqu'un sermon sur la crainte de l'Eternel étant le commencement de la science. Au debut de ce chapitre, j'ai fait mention du feu Pasteur Modi Din. Modi Din voulait dire que les missionnaires allemands sont venus chez les douala leur apporter la Bonne Nouvelle; maintenant qu'ils devaient rentrer en Allemagne à cause de la guerre, qu'ils reviennent ou non, le feu était déjà allumé et qu'il était temps que les camerounais puissant savoir qu'il était de leur devoir de continuer l'oeuvre missionnaire qui n'allait pas mourir. Cette position du Pasteur Modi Din me rappelle le passage des Aactes 8:24-39, lisons-le, » Le passage de l'Écriture qu'il lisait était celui-ci: Il a été mené comme une brebis à la boucherie; Et, comme un agneau muet devant celui qui le tond, Il n'a point ouvert la bouche.[33] Dans son humiliation, son jugement a été levé. Et sa postérité, qui la dépeindra? Car sa vie a été retranchée de la terre.[34] L'eunuque dit à Philippe: Je te prie, de qui le prophète parle-t-il ainsi? Est-ce de lui-même, ou de quelque autre? [35] Alors Philippe, ouvrant la bouche et commençant par ce passage, lui annonça la bonne nouvelle de Jésus. [36] Comme ils continuaient leur chemin, ils rencontrèrent de l'eau. Et l'eunuque dit: Voici de l'eau; qu'est-ce qui empêche que je ne sois baptisé? [37] Philippe dit: Si tu crois de tout ton coeur, cela est possible. L'eunuque répondit: Je crois que Jésus Christ est le Fils de Dieu. [38] Il fit arrêter le char; Philippe et l'eunuque descendirent tous deux dans l'eau, et Philippe baptisa l'eunuque. [39] Quand ils furent sortis de l'eau, l'Esprit du Seigneur enleva Philippe, et l'eunuque ne le vit plus. Tandis que, joyeux, il poursuivait sa route ». Ces 13 versets des Actes nous racontent tout ce qui avait valu pour que l'Eglise chrétienne qui est la plus ancienne du monde ait sa fondation. Un verset biblique, le verset 37 « [35] Alors Philippe, ouvrant la bouche et commençant par ce passage, lui annonça la bonne nouvelle de Jésus » était suffisant pour que l'Eunique puisse aller joyeux pour aller fonder l'Eglise Copte.

Les americains ont passé 107 ans chez nous ; ils ont laissé des solides bases dans le domsine évangélique.La téchinque ; voilà soixante ans nous n'avons même pas formé un seul techniciens alorsque eux, ils avaient ouvert la première école professionnelle à Elat en 1923. Nous devons dire 100 fois ce que le feu Pasteur Modi Din avait dit, « "Frères, les européens qui nous ont apporté l'Evangile nous ont quittés. .. Mais quoi qu'il en soit, le travail de Dieu, c'est à nous de le continuer par nos propres efforts et par la puissance de son amour "

CHAPITRE V

LES BESOINS LOGISTIQUES

1. L'AUTONOMIE DE L'EGLISE

Avant que l'Eglise Presbytérienne Camerounaise devienne autonome le 11 Novembre 1957, les chrétiens et les officiels étaient largement informés sur le changement qui allait s'opérer. Le Pasteur François Akoa Abômô, alors Modérateur Promoteur des deux synodes Municam et l'Est avait passé des mois parcourant les paroisses de tout l'Eglise pour expliquer les trois principes fondamentaux qui allaient incarner le mot "autonomie de 'Eglise". Le premier était self-governing; le second self-propagating; et le troisième self supporting. Les tournées qu'il avait entreprises avaient pour objectis d'expliquer aux chrétiens que dès le départ des missionnaires, non seulement que les personnes qui sont venues d'Outre-Mer vont partir, mais aussi que c'est nous, les camerounais chrétiens qui allons prendre la relève de tout ce que faisaient ses Etrangers. La première phase rera les paroisses et l'Evangélisation. Quelkques missionnaires parmi eux vont restés ; ils fermeront la classe de conseillers et leurs

statut sera celui des collaborateurs fraternels. La grande

majorité s'occuperont des institutions qui nécessitent des techniciens. Les camerounais ne savaient rien sur la technologie.

2. LES TROIS MOTS MAGIQUES

Prendre la relève des missionnaires se résumera sur trois angles: (1) Nous les camerounais, allons nous charger du gouvernement de notre Eglise, planifier nos actions, nommer les personnes dans les postes de responsabilités, les démettre si ils de rendent pas les services comme programmer, orienter nos actions, créer des emplois, être responsables des résultats des décisions prises et servir notre peuple de Dieu. Le second point de notre autonomie était du domaine financier et la gestions des biens. (2) Les américains n'allaient plus envoyer leurs dollars pour financer toutes les institutions qu'ils ont créées chez nous. Nous allons payer le personnel médical, les enseignants, les pasteurs, et tout le personnel employé de l'Eglise. Nous allons entretenir et construire tous les bâtiments, les stations, et fournir tout le matériel qu'il faut pour les services rendus dans toutes les institutions. D'ailleurs, nous premettions faire mieux que les missionnaires quand nous allons devenir.(3) Troisièmement nous allons continuer d'évangéliser non seulement parmi les camerounais, mais nous pourrions aller dans d'autres pays soit africain soit ailleurs pour répandre la Bonne Nouvelle du salut en Jésus Christ.

Les américains et les européens sont venus chez nous, nous aimerions aussi, un jour aller ailleurs pour réciproquer ce qu'ils ont fait pour nous pendant 107 ans. Voila ce qu'étaient notre compréhension de l'autonomie: gouverner, financer et évangéliser nous-mêmes; prendre la relève sur tout ce que faisaient les étrangers Blancs.

3. LE PERSONNEL À REMPLACER

Nous avions parmi les missionnaires des enseignants, des ingénieurs, des docteurs, du personnel technique et professionnel et des pasteurs. La première action aura été de former les cadres camerounais qui allaient prendre la relève dans ses postes de responsabilité et faire des provisions pour les besoins futurs en personnel.

Il aurait fallu travailler sur les budgets annuels provisionnels de fonctionnement de chaque institution de l'Eglise; voir d'où vient l'argent et comment il est dépensé; apprendre le rouage de la machine administrative et financière de chacune; maîtriser les administrations et les diverses gestions qui, jusque-là n'étaient pas à la charge des Noirs.

Après la première assemblée, les pasteurs Noirs ne pensaient qu'aux postes de responsabilités. On n'avait aucun souci des connaissances administratives et de la gestion. Personne ne s'occupait du budget, du management, des attributions des responsabilités, de la gestion du personnel, des bilans, de la projection et du rendement. Personne n'était puni quand les choses n'allaient pas mieux. On ne faisait rien pour redresser l'entreprise qui périclitait. Une institution après l'autre accusaient des déficits. 60 ans plu tard, nul n'ignore la où se trouve l'Eglise Presbytérienne Camerounaise. Les trois mots magiques caractérisant la notion de l'autonomie n'ont jamais étaient mis en valeur.

Pour redresser l'EPC nous devrions revenir sur ces trois mots magiques et faire le travail de base qui aurait été fait en 1958 quand nous avions pris la relève du champ missionnaire au Cameroun devenu l'Eglise Presbytérienne Camerounaise. Nous devons nous asseoir et revoir nos bases sur ces trois principes qui résument notre mission en tant qu'Eglise du Christ au Cameroun.

4. L'INSTITUTION SOCIALE
APPELÉE L"EGLISE

Le premier enjeu est le caractère de l'institution sociale que
nous appelons l'Eglise. L'Eglise est une institution qui n'use ni de force physique, ni de lois sociales mais la persuasion des adeptes et la bonne volonté de chacun

pour devenir membres. Pour accepter Jésus comme son Sauver et le servir, c'est toujours sur la base du volontariat. Le second aspect qui différencie cette institution et de bien d'autres est la discipline chrétienne. Quand on devient chrétien, on est invite à être le disciple de Jésus. Etant donné qu'on ne peut pas voir Jésus en action maintenant, on doit donc se modeler sur ceux qui sont devenus chrétiens avant soit. Ce qui veut donc dire que la vie et le comportement du pasteur , des anciens, des diacres et d'autres chrétiens deviennent des voies spirituelles à suivre par le nouveau converti. Personne ne peut être disciple de Jésus sans d'abord être le disciple des éléments de la communauté chrétienne dont il est membre.

Quand Jésus appelait ces disciples, surtout quand il avait trouvé ceux qui exerçaient le métier de pêcheur, il leur disait qu'il allait faire d'eux des pécheurs d'homme.

Quand le feu Pasteur Modi Din de l'Eglise Evangélique du Cameroun, était jeune, il fût un champion de la lutte traditionnelle (mesiñ). En tant que Pasteur, il est allé évangéliser un certain village. Il dit a ces villageois, " Je suis venu vous annoncer une nouvelle très puissante.

Elle va vous changer". Il y avait dans la foule un champion de la lutte traductionnelle de la contrée. Celui-ci lui dit, "Je suis l'homme fort de ce village. Je ne vais entendre ton message qu'à moins que tu m'aie prouvé la puissance de cette Bonne Nouvelle. Viens lutter contre moi". Le Pasteur Modi Din ayant battu ce champion, a continué par évangéliser le village. Ce champion devint son premier converti.

Romains 10:14 fait penser profondément en nous engageant à attirer les autres à suivre Jésus Christ. Tous ceux qui veulent faire des autre des disciple de Jésus Christ doivent honnêtement répondre à ces questions fondamentales selon ce passage " Comment donc invoqueront-ils celui en qui ils n'ont pas cru? Et comment croiront-ils en celui dont ils n'ont pas entendu parler? Et comment en entendront-ils parler, s'il n'y a personne qui prêche? " I Corinthiens 14 :8 dit , » Et si la trompette rend un son confus, qui se préparera au combat? »

5. LA MISSION DE L'EGLISE

La mission de l'Eglise est de faire des pécheurs des

disciples de Jésus Christ. Si les réponses au texte de Romains sont négatives, si le jeune camerounais n'a jamais connu quelqu'un qui vit sa foi en Christ, celui qui invoque le nom de l'Eternel, s'il n'a jamais entendu ce message qui est à la fois prêché et vécu par le messager, comment pourra-t-il devenir le disciple de Jésus Christ?

Nous ne parlons pas de notre foi qu'en références aux hommes de foi que nous avons connus personnellement, que nous avons entendu parler ou ceux que l'histoire chrétienne nous raconte. Le Pasteur Modi Din a prouvé à ce champion du village que la puissance de la Bonne Nouvelle qu'il leur apportait était plus forte que la force physique de ce champion. Même si Modi Din n'était pas champion dans la lutter traditionnelle, il aurait battu ce champion parce qu'il savait que Dieu allait lui donner la force de vaincre. Modi Din avait entendu cette voix,"… Ne craignez point et ne vous effrayez point devant cette multitude nombreuse, car ce ne sera pas vous qui combattrez, ce sera Dieu" II Chroniques 20:15. C'était le Puissant Dieu et son nom qui étaient en jeu et non Modi Din.

6. CE QUI EST DIFFÉRENT POUR L'EGLISE COMME UNE INSTITUTION SOCIALE

L'Eglise du Christ sur terre est une institution sociale totalement différente d'autres institutions humaines qui ont des rois, des militaires, des lois et des prisons, ces raisons:

(1) <u>La christianisme agit sur les libres consciences humaines</u>. L'Esprit de Dieu doit convaincre le pécheur pour qu'il accepte Jésus comme son Sauveur.

(2) <u>Pour devenir membre d'une église, le chrétien s'y adhère</u>
<u>volontairement</u>. Il n'y a aucune forme ou force sociale capable de forcer quelqu'un à rejoindre l'église. D'ailleurs, nous avons quatre catégories de membres: les membres actifs, les membres inactifs, les membres associés et le groupe qui vient seulement pour assister au culte. Ceci souligne cette liberté fondamentale du statut de membre. Il faut donc que les officiers de l'église puissant user quelques autres tactiques pour persuader tous les membres de joindre le groupe des actifs.

Il est vrai que dans les sociétés claniques et tribales,

cette liberté individuelle est de peu limitée. Mais au fur et à mesure que l'homme africain se modernise, ces forces traditionnelles se verront remplacées par une identité individuelle et personnelle très développée comme chez toutes les pays modernes. Ceci se voit déjà parmi les membres de la nouvelle génération. Nous remarquons que les liens entre parents et enfants, les aînés et puis-né, les chefs et les membres du groupes, le mari et l'épouse ont un caractère plus élastique tendant plus vers le libertinage et la relaxe des moeurs. Les attitudes de ceux qui habitent nos villes deviennent un peu différentesenfants de ceux qui vivent au village. Il en va des parents villageois et leurs enfants qui vivent en ville. Avec l'arrivée des sectes, sommes-nous certains que nos enfants et petits-enfants vont confesser notre foi et devenir des membres contribuables à l'Eglise

Presbytérienne Camerounaise?

(3) <u>La chrétienté a pour but d'illuminer les consciences humaines</u>. L'homme laissé à lui-même serait plus mauvais que tout ce que nous avons connu de dangereux. Il faut un prototype à l'homme; un modèle pour qu'il puisse connaître la différence entre le bien et

le mal, un acte juste et injuste, le bon et mauvais chemin. Ce modèle, ce prototype est Jésus Christ; la place pour apprendre comment plaire à Dieu est la Bible. L'homme illuminé par l'Esprit de Dieu et guider par la sainte Parole, sa nature pécheresse, il va un jour se rendre compte de son égarement et le besoin de faire appel au Seigneur. Par nature, la conscience humaine crève pour la voie divine. L'Eglise de Jésus. partout dans le monde, doit être un instrument qui permet que l'homme soit illuminé par l'Esprit de Dieu afin que sa conscience changée.

Qu'adviendra-t-il aux églises africaines s'il n'y a pas des exemples, de modèles, de purs chrétiens et chrétiennes? Pourrions-nous vivre encore la perte de l'Evangile par défaut d'hommes de foi comme cela est arrivée ailleurs ?

7. DE LA GESTION DES BIENS DE L'EGLISE

Nous venons de couvrir le premier enjeu qui va définir le futur des Eglises Africaines. Le second est la gestion des biens mobiliers et immobiliers de l'Eglise. Le

premier enjeu était éthique. Moral, spirituel et culturel ;
ce deuxième est technique et professionnel.

Il serait anormal de parler de la crainte de Dieu dans
la gestion parce que nous attendons le Grand Jugement
pour recevoir ou les récompenses ou les punitions
selon ce que nous avons fait sur terre. Les récompenses
et les punitions d'une bonne ou d'une mauvaises
gestion sont visibles, actuelles et palpables. Tout le
monde sait et voit les effets d'une bonne ou d'une
mauvaise gestion. On peut mesurer l'évolution d'une
gestion financière et matérielle. Nous avons des
chiffres pour le prouver. On fait des additions, des
soustractions, des multiplications et des divisions.
Nous avons appris ce calcul aux Cours élémentaires.
Que l'on attende pas que Dieu vienne nous dire qu'on a
bien géré les biens de l'Eglise quand les faits et les
sommes témoignent autrement.

8. LA PASSATION DE SERVICE

Il fut un temps quand les missionnaires cédaient les
postes de responsabilités aux indigènes dans l'Eglise.
Nous rappelons-nous ? Avons-nous les archives, les

photos ou les personnes qui peuvent nous retracer ces moments? Bien sûr, ces choses se sont passées en 1957. Je sais qu'après plus d'une soixantaine d'années, les souvenirs du passé commencent par d'effacer. Mais nous avons encore des vestiges. Les temples, les écoles, les stations, les institutions et les personnes pour nous le témoigner. Comment pouvons-nous qualifier la gestion de l'Eglise Presbytérienne entre les mains des indigène en matériel, en argent, en mobilier, en immobilier et en personnel en comparaison avec d'autres Eglises au Cameroun pendant ces derniers 50 ans? Est-il possible de faire les pronostiques? Si tout continue sans qu'il y ait changement dans toutes les formes de gestions au sein de notre chère Eglise Presbytérienne Camerounais, qu'adviendra-t-il dans 50 ans?

9. CE QU'ON N'AIME PAS ENTENDRE

Je sais qu'il y a des personnes et même parmi les dirigeants qui n'aimeraient pas que de telles réflexions soient faites; mais comment peut-on vivre sans se rappeler de là où on vient et planifier pour là où on va?

Il y a un proverbe africain qui dit que " si on ne sait pas là où on va, il faut se retourner et voir là où on vient". Le temps parcouru entre 1957 et aujourd'hui 2013 a déjà déterminé là où nous allons si tous les facteurs restent les mêmes. Si nous ne sommes pas satisfaits et reconnaissons les faits nous nous ont conduit à perdre le pas, soyons courageux de rectifier la marche de notre Eglise .

Ce constat concernant l'institution qui est l'Eglise et autant vrai pour chaque individu que nous sommes. Si on s'imagine incapable d'arrêter l'évolution des choses, si on se rend compte que nous n'avonons et que plutôt, nous sommes en train de reculer, et que quelque chose de positif doit être fait alors qu'on ne fait rien individuellement et collectivement, nous devons savoir que nous sommes en train de nous tromper de chemin. Confrontons les situations et trouvons y des solutions adéquates maintenant et avant qu'il ne soit trop tard.

Je suis persuadé que nous sommes d'accord qu'il n'y a rien à nous jeter des fleurs . L'avenir est menaçant, alarmant et plain d'obstacles. Je me rappelle d'un certain grand homme d'Eglise mourant il y a de cela quelques dizaines d'années. Quelqu'un lui avait demandé de ce qu'il voyait pour l'avenir de l'EPC. Voici sa réponse, "JE VOIX DU NOIR". Cet homme d'église était le feu pasteur Akoa Abômo, mon père. Si nos hôpitaux, nos collèges, notre imprimerie, nos stations, nos paroisses, nos pasteurs, nos finances, notre vie chrétienne, nos terrains, nos immeubles ne sont plus l'objet de notre fierté en Christ et ne représentent plus le meilleur que nous puissions offrir à l'Eternel et sont devenus les dons qui ne nous coûtent rien. (2 Samuel 24:24), mettons-nous à genoux pour nous remettre à l'Eternel et lui demander la force et l'esprit de mieux le server.

10. JUSTE UN RAPPEL

Pendant le long séjour missionnaire dans les champs en
Afrique, les biens matériels qu'ils ont remis aux Eglises autochtones peuvent s'évaluer à des milliards et des millards de francs CFA. Il y avait chez nous des écoles, des hôpitaux, des dispensaires, des temples en dur et quelques-uns en pierre, des stations couvertes de gazon. Dans tout le Cameroun, on ne trouvait du gazon

rien que dans les stations missionnaires presbytériennes. On se rappelle encore de tout celaes; il y avait plein du mobilier et d'équipement dans toutes ces institutions de l'Eglise. Il est inimaginable que tout ce que ces gens ont accumulé chez nous nous été offert sans le moindre préalable.

Je me rappelle encore en des dizaines d'ouvriers qui s'alignaient devant la maison du Pasteur Scheidel pour être assigné des portions de gazon à tailler dans la journée à Bibia. C'était en 1958. Plusieurs maisons qui sont encore debout dans nos stations avaient étaient peintes pour la dernière fois au temps de missionnaires. L'enjeu matériel des biens laissés par les missionnaires, ne serait-ce que dans le domaine de leur entretien, est inimaginable. Plusieurs immeubles sont en train ou se sont déjà écroulés; les équipements vieillis ou volés, les terrains vendus ou occupés par les populations des environs. Personne n'est responsable des avoirs de notre chère EPC.

11. L'ENJEU EVANGÉLIQUE

Le troisième enjeu qui guète notre futur est le

message chrétien. Nous nous rappelons des enseignements que nous recevions du Catéchisme, dans les Ecoles de Dimanche, pendant la formation théologique dans les cours de Théologique Systématique, d'Education Chrétienne, d'Ethique Chrétienne etc.…Comment pouvons-nous oublier ce que nous avons appris sur la Théologie paulienne en étudiant les Epîtres? Allons-nous créer une autre doctrine, une autre Théologie où le péché, la foi en Jésus Christ, la doctrine de la sotériologie et de la christologie, et l'eschatologie seront définies en d'autres termes que ce que nous savons des doctrines des Réformés? C'est un très grand enjeu pour les Eglises autochtones d'Afrique.

12. L'ENJEU DE LA GESTION

L'enjeu qui nous intéresse dans ce manuel est celui de la gestion. Machiavel a dit,«Il n'y a rien de plus difficile à réaliser, ni de plus enclin à l'échec, ni rien de plus dangereux à gérer, que d'introduire un nouvel ordre des choses. Celui qui l'initie doit faire face à la résistance de tous ceux qui tirent profit de l'ancien système, et ne bénéficie que d'une aide prudente de la part de ceux qui

pourraient tirer profit du nouveau système. »

Le problème que je vais attaquer dans ce livre ne sera pas populaire parce qu'il fait partie des coutumes qui se sont déjà ancrées dans le système et qui sont même le système; ensuite la majorité croit fermement que c'est ce qu'il faut faire; enfin c'est plus facile de faire ce qu'on fait que d'essayer de faire autre chose. Puisqu'on n'a jamais sait autre chose, il serait très difficile d'abandonner ce qui marche pour essayer autre chose alors que ce qu'on fait satisfait la grande majorité.

13. QUELQUES QUESTIONS
À RÉPONDRE

Voici une suite de questions auxquelles nous devons répondre:

1. Quand nous avions hérité l'Eglise, comment étaient gérées les biens mobiliers, immobiliers, le personnel et tout de la Mission Américaine ?

2. Comment sont gérés les biens, le personnel et tout ce qui est de l'EPC aujourd'hui ?

3. Sommes-nous fiers de cette gestion?

4. Qui sont les bénéficiaires et les perdants du système qui est maintenant en place?

5. Si nous n'approuvons pas le système qu'est-ce qu'il faut faire place?

6. Que serait une autre façon de faire pour avantager tout le monde?

7. Qu'adviendra-t-il à l'Eglise Presbytérienne Camerounaise si toutes les stations se transforment en forêt, tous les hôpitaux, et autres institutions d'action sociale se ferment, que tous les terrains soient vendus, que les grands temples comme celui d'Etat et de Bibia ne subissent de majeurs rénovations pendant des années et que le nombre de fidèles diminue progressivement? Est-il possible que ceci nous arrive?

Albert Einstein a dit que « Si une idée ne paraît pas d'abord absurde alors il n'y a aucun espoir qu'elle devienne quelque chose. » La science de gestion doit être traitée dans l'Eglise de Christ au même niveau que l'Evangile qu'on prêche et la vie chrétienne qu'on pratique chaque jour.

14. PROBLÈMES ÉCONOMIQUES

La deuxième série de problèmes que doivent confronter les églises chrétiennes d'Afrique est l'économie.

C'est surprenant de voir combien l'homme moderne dépend de plus en plus sur l'argent. Quand j'étais Pasteur à Zingui en 1967, je recevais les poulets, les sacs et d'arachide comme partie de mon salaire. J'attendais 3 mois pour recevoir quelque chose comme salaire. Les paroisses ne pouvaient pas me donner 16.000 frs mensuellement comme c'était le salaire établi d'un pasteur....Qu'en est-il aujourd'hui?

Il semble que l'homme moderne de tous les niveaux voit son budget augmentant de jour au lendemain. Il lui faut de l'argent pour la vie de chaque jour. Par contre l'église est une organisation qui base son budget et ses finances sur la base du "volontariat, les dons des mains de ceux qui aiment le Seigneur Dieu". Il faut une certaine certaine somme financière pour faire fonctionner l'église tant au niveau local qu'au niveau national ou international. Le premier souci des responsables, en dehors de la nourriture spirituelle, est de veiller à ce devoir.

Attendre les receptions d'argent par les sessions tous les trois mois pour faire fonctoinner les paroisses qui ont des employ´s qui vivent dans le monde moderne est à revoir. Un autre système de collecte de finances à ce niveau de base devrait être mis en place. Je voudrais même dire que les paroisses doivent trouver d'autres systèmes de financement : créer des coopératives, construire des maisons à mettre en location, investir dans le commerce et autres pour avoir des revenus mensuels pouvant couvrir les dépenses de tous les 30 jours

15. CE QUE DOIT ÊTRE LE
GRAND SOUCI DE L'EPC.

L'Eglise Presbytérienne Camerounaise comme bien d'autres Eglises africaines doit être soucieuse :

(1) De l'état spirituel de toutes ses communautés chrétiennes.

(2) de la qualité et de la formation de ses cadres tant cléricaux que professionnels.

(3) Du traitement financier de tous les employés de l'Eglise.

(4) Des sources de revenus de tous les départements qui constituent l'Eglise Presbytérienne Camerounaise en équilibrant leurs recettes et leurs dépenses annuellement.

Si l'Eglise Presbytérienne Camerounaise existe c'est pour annoncer le Royaume de Dieu sur terre. C'est pour sauver les pécheurs et faire d'eux les vrais enfants de Dieu, des hommes et femmes transformés par la Parole et l'Esprit Saint afin qu'ils soient la lumière du monde. Voilà la raison fondamentale de l'Eglise de Christ sur cette terre. Que ce soit au niveau de la paroisse, ou dans les institutions, la Bonne Nouvelle est la raison d'être. Les souci des dirigeants et des assemblées doit rester fixer sur la Grande Commission laissée `¢a l'Eglise : remplissons-nous effectivement la mission qui nous est assignée est la question que l'EPC doit toujours chercher à répondre positivement.

Si l'Eglise n'est pas assurée qu'elle est là pour ce témoignage, elle n'est plus de Christ. La nourriture spirituelle pour les croyants et leur préparation à la rencontre du Seigneur sont les « led motiv « de l'église en tout temps. Est-ce là le premier souci de l'EPC pour l'homme et la femme assis devant le pasteur chaque dimanche ?

(1)L'enseignant, l'étudiant et le Pasteur de l'EPC, qui est-il ? (2)Quelle est la formation qu'il reçoit pour faire son travail ? (3) Quels sont ses besoins pour faire son travail ?

(4) A-t-il assez d'outils de travail ?

(5) Combien gagne-t-il ?

(6) D''où doit venir l'argent pour son travail ?

(7) Quel est la ratio entre ceux qui servent et ceux qui sont servis ?

(8)Quelles sont les projections dans les besoins futurs en personnel , en matériel, en mobilier et immobilier ?

(9) Quels gendre de recyclage faut-il est quand, où ?

(10) Quelle qualifications devraient-ils avoir ?

Les réponses positives à ces questions prouvent que l'Eglise

est soucieuse tant de son personnel clérical, des cadres administratifs, du fonctionnement de ses organes de base et de l'objectif de sa raison d'être.

Troisièmement les finances de l'Eglise doivent constituer le souci de l'Eglise. Si l'Eglise a des chrétiens et chrétiennes qu'il faut encadrer, un personnel à satisfaire, les institutions à faire fonctionner et à maintenir, les factures et taxes à payer, les doits et les devoirs comme une personne morale, les chiffres doivent être son affaire.

Est-ce le cas à l'heure actuelle dans l'EPC ?

Quatrièmement, pour qu'une institution, que ce soit ecclésiastique, commerciale, juridique, publique ou privée puisse exister, elle doit s'assurer des sources de ses revenus. Elle doit pouvoir équilibrer ses recettes et ses dépenses pour qu'elle puisse parler d'une année d'exercice, d'accomplissement. C'est à travers tout ceci qu'elle peut mesurer ses progrès selon les objectifs qu'elle s'assigne chaque année. Est-ce le cas pour l'EPC ? Où en est l'EPC ?

Ce chapitre fait reflechir tous ceux qui croit que l'EPC a besoin d'une réforme. Même si on ne veut pas de réforme, on verra qu'en répondant à ces questions, il y a de vides et des domaines qui sont les causes profondes de tous ce que nous sommes. En répondant fidèlement à ces questions, on verra que ce sera là le point de départ de la réforme souhaitée. On ne s'attaque à personne ; on regarde tous vers la même direction et on cherche tous l'efficacité de l'Eglise et la gloire de celui qui est sa tête : Jésus-Christ.

CHAPITRE VI

LES PROBLÈMES ACTUELS.

Je voulais qu'on traite d'abord de la logistique, qu'on parle des méthodes de prévoir des problèmes, de les résoudre, et d'enticiper l'avenir avant d'attaquer le côté malade de l'organisation qui est l'EPC. Ma prière est que si on se verra dans les situations décrites ou touchées, que l'on ne devienne pas défensif. Il y a un proverbe Beti qui dit, « O buri, a bôé ; ô yani, a kôrô ». « Si tu cache, ça va pourir ; mais si tu laisses ouvert, ça va sécher » - Un certain du nom de Danbiel L. Hicks a dit, « Pour changer les comportements indésirables que nous voyons dans le monde, il faut changer la pensée qui mène à ces comportements ". Il est temps de faire secher ce qui pourrit pour enfin changer nos comportements.

Nous allons essayer de soulever quelques problèmes qui rendent les solutions, même si on peut les proposer, très difficiles de les trouver:

1. LES PASTEURS COMME DES PROFESSIONNELS

Les pasteurs, selon la formation qu'ils reçoivent, sont des professionnels de la Bible. Malgré le fait qu'ils occupent tous les postes administratifs au sein de l'Eglise Presbytérienne Camerounais, il n'a jamais était question d'une exigence de la formation professionnelle de ceux qui sont nommés à ces postes.

Pendant les temps missionnaires, le Trésorier de la Mission , M. Chatterton était quelqu'un qui avait une formation comptable.

Quand l'Eglise est devenue autonome le 11 Novembre 1957, il était décidé qu'aucun Pasteur ne devrait être nommé au poste du Trésorier Général de l'Eglise. C'est pour cette raison que M. Albert Bilong, qui avait longuement travaillé avec M. Chatterson, est devenu le tout premier Trésorier Général de l'Eglise Presbytérienne Camerounaise. Seuls les laïques étaient nommés trésoriers des stations par la première Assemblée Général pour remplacer les Blancs. Le deuxième Trésorier était aussi un laïque. Maintenant, même les postes professionnels sont devenus des postes politiques au sein de l'Eglise.

2. LE MANQUE DE BUREAUCRACIE DANS L'EGLISE

L'EPC. n'au pas des bureaucrates en son sein. Qui sont les bureaucrates ? Ce groupe se spécialise dans la tenue des documents et les systèmes techniques qui stabilisent les institutions sociales. L'Eglise, étant une institution sociale doit apprendre à se perpétuer à travers des routines et formes qui caractérisent ses services. Pour se faire, un personnel spécialisé est aussi celui qui travaille pour qu'elle devient une institution à la fois stable et productive. Les bureaucrate assurent la survie de l'institution. Ils savent ce qui marche et ce qui ne marche pas. Ils sont les conseils de l'homme politique qui est nommé et qui est là pour un mandat. On trouve ces bureaucrates dans les écoles, les collèges, les hôpitaux, l'imprimerie, les services dentaires et agricoles, etc. Aucune institution ne peut exister s'il n'y a pas ce personnel qui l'incarne.

Ce manque de professionnalisme est une phenomème qui va des paroisses jusqu'au bureau de l'Eglise Centrale. L'organigramme de ses services sont si pauvres qu'on ne connaît les attributions de la personne nommée au poste. On connaît le poste et non ses attributions. On ne connaît pas les relations entre les personnes nommées et quand on pard d'un poste, on bale le bureau le laissant vide comme on l'avait trouvé. C'est pour cette raison qu'on ne trouve pas de documents dans toute l'Eglise Presbytérienne Camerounaise. Quand celui qui occupe le poste part, celui qui le remplace ne trouve aucun document retraçant ses activités. Du fait que le partant a nommé son propre secrétaire, le nouveau venu apporte le sien. Le plus souvent, avant de sortir du bureau, l'ancien occupant brûle tout. D'où l'éternel recommencement que nous connaissons dans tous les services de l'EPC. depuis 1957.

Pour les besoins administratifs et juridiques il nous faut de la bureaucratie dans paroisse,s en passant par les consistoires et les synodes jusqu'à l'Assemblée

Générale. Il y a très peu de paroisses dans l'EPC où on peut trouver un personnel de bureau. Au moins, chaque Synode devrait avoir un bureau fonctionnel avec un personnel permanent. Les consistoires doivent avoir au moins une chambre chacun ne serait-ce que pour ses archives.

On ne peut parler d'institution sans administration et d'une administration sans bureaucratie. Si donc l'EPC. voudrait être connue comme une institution sociale viable, elle doit mettre en place dans tous les niveaux une bureaucratie efficace et du type professionnels.

4. LE MANQUE DE FORMATION PROFESSIONNELLE

L'autre problème que connaît l'EPC. c'est celui de la formation. Depuis que la grande majorité des pasteurs ont quitté les bancs soit du Séminaire, soit de la Faculté de Théologie, ceux-ci n'ont jamais reçu d'autre formation que se soit en théologie comme système de recyclage ou suivre les cours professionnels pour une quelconque formation. Pourtant, les choses ne cessent de changer dans le monde. L'EPC. doit encourager ses leaders, non à la course aux diplômes théologiques, mais à la soif de s'actualiser dans tous les domaines pour son propre maintien et survie. Le proverbe latin dit, "Qui n'avance pas, recule". Aussi Bernard Fontennelle a dit," Le plus grand secret pour le bonheur, c'est d'être bien avant soi." Se former s'est se mettre avant soi".

En nommant les gens aux postes de responsabilités, faut s'assurer qu'ils ont quelque chose à contribuer pour l'avancement de l'Eglise. Le système de rotation des postes administratifs joue aux détriments des vocations institutionnelles; c'est aussi une insulte à leur personnel qui se connaît bien en la matière. Ce système peut aussi décourager le personnel et freiner le rendement de l'institution en question.

5. LA TRIBALISATION ET LA REGIONALISATION DE L'EPC.

Dans Marc 6:4 Jésus a dit," Un prophète n'est pas sans honneur, si ce n'est dans son pays et parmi ses parents et dans sa maison". Voici que Jésus dit et cela lui est arrivé malgré les miracles qu'il faisait et son statut de Fils de Dieu. On a risqué de le tuer chez lui à Nazareth. Cette vérité est un fait qu'on ne peut pas démentir.

Quand les missionnaires américains ont pénétré les forêts camerounaises, ils ont fait de la langue Bulu le véhicule de la Bonne Nouvelle au Cameroun. Toutes les tribus qu'ils ont atteint pour leur apporter l'évangile de Jésus devaient apprendre la langue Bulu. D'Efulan a Momedjapon, et de Bafia à Edéa, tout le monde apprenait la Bible en Bulu. . Même les Bassas qui furent d'abord évangélisé par la Mission de Bâle, quand leur territoire revint à la Mission Américaine en 1922, tous devaient apprendre le Bulu.

Les évangélistes, catéchistes et pasteurs Bulu avaient travaillé partout sauf chez les Bassa; ceci à cause des difficultés linguistiques. Mais les pasteurs Bassa, Batanga, Ntumu, et Bafia ont travaillé dans les territoires qui sec trouvaient en dehors de leurs zones linguistiques. L'Eglise sous les missionnaires était une et unie.

Quand nous avions acquis notre autonomie en 1957, plusieurs pasteurs travaillaient en dehors de leurs consistoires d'origines. La langue française a Presque remplacé la langue Bulu à plus de 80% au sein de l'EPC. Ce qui veut dire qu'un Pasteur de l'Eglise Presbytérienne Camerounaise de 2013 a la possibilité de server le Seigneur partout sur le territoire de cette Eglise. Et c'est surprenant de constater que c'est bien maintenant que le tribalisme et régionalisme deviennent plus que jamais évidents.

Au moment de notre autonomie, l'EPC. était constituée de 9 consistoires regroupés en 3 Synodes. Nous ne savons plus aujourd'hui, ni le nombre de consistoires ni celui des synodes. Les paroisses laissées au temps missionnaire seront sectionnées en petites paroisses de telle sorte que, malgré le fait que l'EPC. occupe encore la même superficie territoriale, la plupart des temples des vieilles paroisses sont vides les dimanches à cause de cette scissiparité. Nous ne sommes jamais aller "évangéliser"ailleurs. Si nous sortons de cet ancien territoire missionnaire, c'est pour aller "à la poursuite de membres de nos zones qui sont sortis de ce territoire qui va de Kribi à L'Est Cameroun, et de Bafia à Edéa". Un autre phénomène a vu le jour: Le tribalisme presbytérien dans les villes. Quoique le gouvernement et les hommes politiques prêchent l'unité, nous nous prêcons les divisions, le tribalisme et le regionalism. Au temps missionnaire, mon père par exemple avait passé 8 ans à Yaoundé comme licneciate et évangélisait les populations de toute cette zone jusqu'à Nnanga Aboko. Consacré en 1940, son premier poste était Lolodorf chez les Ngumba. Il est parti de Bibia en 1944 pour aller à Nkô-Mbam. Le Pasteur Etoundi Essam as passé tout son ministère à Olama. Le Pasteur Tjéga a travaillé à Bibia. Maintenant, comme il y a au moins 100 consistoires, il y a aussi 100 petite EPC. Aucun Pasteur d'un de ses constoire ne pourrait porter la Bonne Nouvelle aux membres des autres 99 quelques soient les circonstances. Maintenant que l'on a ouvert les portes que ces petites cellules de l'EPC crée des paroisses dans les villes, il y a de petites paroisses de l'EPC dans les quartiers que de consistoires de son grand ensemble.

6. LA DISPARITION DES LANGUES TRADITIONNELLES

C'est bien beau que le Cameroun soit un pays bilingue

dans le sens qu'on peut parler français et anglais dans les affaires administratives, juridiques et commerciales. Il y a des avantages que l'on peut parler français dans les assemblées et se faire comprendre par un Bassa, un Boulou, un Douala, ou un Bafia. Je vais revenir prochainement sur les avantages que présentent ces deux langues nationales. Ce qui est anormal est que le pasteur de la petite paroisse de Mvengue située en pleine zone Béti se mette debout devant une main de chrétiens qui parlent Béti, pour conduire le service religieux totalement en français. Dès qu'il sort du temple, puisque lui-même est Boulou, il se met à parler Béti avec les chrétiens et chrétiennes. Encore plus, l'Assemblée Générale a permis que tous les consistoires établissent les paroisses dans les villes. Les familles qui, depuis les générations originaires de Municam par exemple, avaient fait de Messa leur paroisse, se voyaient obliger d'abandonner Messa pour aller construire des chapelles dans les quartiers. Les 80% de ces nouvelles paroisses n'ont pas de terrain pour le parking ou l'habitat du Pasteur. Ce sont des maisons parmi d'autres maisons du quartier.

Un autre fait ; toutes les paroisses, que ce soit en ville

ou au village parlent français. Pour quelle raison spirituelle a-t-on en créant des paroisses des petits consistoires dans les villes camerounaises, des paroisses à la poursuite des membres de leurs villages alors que nous avons desa pasteurs et des consistoires presbytériens qui couvrent ces territoires? Est-ce que nous comprenonns même l'idée de ce qu'on appelle le consistoire ou le synode en ce qui concerne le territoire religieux ? Est-ce que nous comprenons vraient les raisons d'être de ces divisions administraves dans l'Eglise ? Si le français est devenu la langue qui remplace les langues vernaculaires dans l'EPC, pourquoi tant de divisions territoriales ?

7. LES MÉFAITS

Voici quelques méfaits comme conséquences de la suppression des langues vernaculaires au sein de l'Eglise Presbytérienne Camerounaise:
(1) Les Bibles traduites ou en cour de traduction en langues vernaculaires ne nous seraient plus utiles. Comment cela se fait les nationaux depuis des générations et les organismes linguistiques étrangers

reconnaissent la valeur de garder ces langues. Quelle honte que pour les intérêts non spirituels, une église multilinguiste comme l'EPC soit la première à engager une telle action !

(2) Le divorce avec le passé. Les langues vernaculaires étaient le premier véhicule par lequel la Bonne Nouvelle du salut nous a atteint. Le Boulou, le Douala se sont rependus pour rependre l'Evangile. Est-ce qu'à ce jour tout le monde jusqu'au fin fond de nos brousses camerounaises, parle et écrit le français et l'anglais ? Nous ne voyons pas que nous sommes en train d'éliminer une certaine couche de nos populations à l'Evangile de Christ en agissant ainsi ?

(3) Dans le passé, nous avions les livres de Cantiques, les Bibles, les Catéchismes, les documents de travail, des Certificats, des cartes, les documents des cultes comme les (Minfasan), les enveloppes d'offrandes et autres en langues vernaculaires. Avons-nous maintenant traduit ou produit des documents et bien d'autres en français ou quelles sources recevons- nous ces documents maintenant ? Sommes-nous encore presbytériens, et si non, qui sommes-nous ?

(4) En créant des petites paroisses tribales et régionales

dans les villes où nous avons déjà des proisses presbytériennes a pour objectifs de démanteler celles qui y sont déjà depuis des générations. On ferait mieux d'insister que les paroisses déjà en place cherchent à mieux atteindre toutes les populations des villes, non seulement celles issues de l'EPC. Nous parlons de l'Evangélisation des villes et efficacement fait l'objet de la fierté de EPC était un acte borné.

8. AVANTAGES DU FRANÇAIS

Nous avons plus de 20.000.000 d'habitants au Cameroun. Plus de 12.000.000 habitent les villes et tous parlent français :

(1)Imaginez que l'EPC lance une campagne d'Evangélisation dans toutes les villes du Cameroun ! Puisque tous les pasteurs peuvent prêcher en français, l'effet serait grandiose,

(2) Puisque tout le monde au Cameron parle français l'EPC peut construire de grandes églises dans nos villes avec de gros amphithéâtres utilisant de dizaines de pasteurs comme cela se fait dans les grandes villes américaines. Ainsi, elle pourrait utiliser

plusieurs pasteurs même de differentes regions du territoire camerounais. Quelle grande avantage que le français est parlé par tout le monde ! P

(3) Disons maintenant que les paroisses dans les villes ont un outil de travail : le français ; pour quelle raison devrait-on se limiter à la poursuite des Boulou, des Beti, des Ntoumou, des Bassa, de Bafia dans les villes alors qu'on peut attirer à Christ tous les camerounais et camerounaises qui habitent le quartier dans lequel se trouve la paroisse de l'EPC? Les paroisses de l'EPC dans les quartiers doivent considérer tous les habitants du quartier comme leur champ d'évangélisation attirant tout le monde à Christ.

Prenons avantage du bilinguisme camerounais pour ne plus limiter notre champ de mission aux Boulou, Bassa, Ntoumou, Bafia et autres qui formaient à l'origine les seuls champs de mission de la Mission Protestante Americaine. Rappelons-nous aussi que cette limitation était à cause du missonnaire qui ne parlait que le Boulou pour commencer. A défaut de créer des champs de mission hors du territoire camerounais, faisons des villes nos champs de mission en évangélisant toutes les populations camerounaises et les 800 pasteurs que nous avons aujourd'hui auront du travail au sein de l'Eglise et non au gouvernement ou au privé.

CHAPITRE VII

LES SOLUTIONS PROPOSÉES

Comme l'aurait dit Marc Twain,
**"le danger, ce n'est pas ce qu'on ignore, c'est ce que
l'on tient pour certain et qui ne l'est pas".**

Avec la conviction que les présendants chapitres de ce
livre ont démontré qu'il y a de serieux problèmes dans
la gestion et la politique administrative et financière de
l'EPC jusqu'au point d'empêcher l'atteinte de sa
mission comme une église de Christ.
Et un certainbdu nom de Steve Maraboli a dit,
"L'univers est tellement équilibré que le simple fait que
vous avez un problème sert également de signe qu'il y
a une solution". Merci, maintenant nous comprenons
que si le problème est bien connu, il y a des possibilités
d'en trouver une solution appropriée.

Pour aller de ce qu'on sait à ce qu'on ignore a toujours était la chose la plus difficile dans l'application des connaissances humaines. Ce qui a toujours été l'avantage des peuples modernes est qu'on exploite les idées et permet à ceux qui les conçoivent de les mettre en application. C'est de cette façon que l'homme moderne ne fait que progresser dans le domaine des inventions. Les progrès scientifiques et techniques que nous avons réalisés depuis la dernière guerre mondiale peuvent être égaux à tout ce que l'homme a fait depuis la création du monde. C'est pour cette raison que l'homme aujourd'hui a déjà atterri à la lune. Aucune bibliothèque dans le monde est capable de contenir la somme des connaissances de l'homme à l'heure actuelle. Ne pas avoir peur de reviser ses bases, y porter des motifications si nécessaire, permet l'homme moderne de maîtriser les situations qui semblent difficile; voilà ce qui est devenu la vocation de l'homme moderne. Rien que l'homme modern invent n'est parfait; il ne fait que chercher la perfection qui est devenu la marque de son progress.

Les solutions que nous allons proposer feront honneur au Seigneur et nous permettront d'atteindre les trois objectifs que nos parents se sont assignés quand nous avons obtenu l'autonomie de l'Eglise Presbytérienne Camerounaise. Ces trois objectifs étaient et restent les mêmes aujourd'hui:

(1) Nous allons nous gouverner administrativement selon les règles modernes comme une Eglise Presbytérienne.

(2) Nous allons pouvoir continuer à évangéliser suivant la recommandation de notre Seigneur Jésus Christ qui nous a laissé la Grande Commission, et

(3) Nous allons financièrement subvenir aux besoins de nos entreprises et le fonctionnement de l'Eglise Presbytérienne Camerounaise.

Pour se faire, nous proposons:

1.ARRÊTER LES DÉPOSITIONS FANTÉSISTES DES PASTEURS

Au temps des missionnaires, un seul Pasteur était dépose. C'était le feu François Avebe Oyônô de Efulan, Nkong-Mekak. Malgré son bon comportement pour le reste de sa vie, il n'avait jamais été réhabilité. Un autre Pasteur qui avait été dépose et cette fois-ci réhabilitée après avoir trop souffert pendant quatre ou six ans était Pierre Atouba. Je n'encourage pas les dépositions; mais quand il y a une faute qui la mérite, on ne devrait pas le faire pour satisfaire les formalités. Personne n'est déposé dans la grande majorité des Eglises Protestantes pour être réhabilité selon ce qui se passe au sein de l'EPC. L'Eglise Presbytérienne Américaine n'en connaît même pas. Une fois dépose, s'est la fin de sa carrier pastorale. Ce qui se passé le plus souvent dans l'Eglise Presbytérienne Américaine est qu'on peut demandé à revenir comme un laïque et arrêter d'exercer les fonctions ministérielles.

Le plus grand sérieux que nous portons à notre vocation se démontre par la manière que nous traitons toutes les situations qui la concerne. Que cette situation puisse changer au sein de l'EPC.

2. LA STABILISER DES PAROISSES.

Selon l'organigramme de l'EPC. la paroisse est la cellule principale de l'Eglise. Les structures supérieures ne peuvent être vitales qu'aussi longtemps que la paroisse l'est. Nous devons donc en premier lieu donner une structure solide à la paroisse en faisant de son modérateur, instructeur, berger, et Pasteur un officier stable et permanent. Pour le faire, nous devons revenir le système presbytérien qui veut qu'une paroisse ou un groupe de paroisses qui se sent capable de supporter un Pasteur puisse l'appeler. Ce qui veut dire que de tells pasteurs appelés seront fixes dans leurs paroisses. Ils ne peuvent en aucun cas assumer d'autres charges. Ils sont dans la ou les paroisses pour s'occuper de leurs fidèles.

Nos fidèles sont spirituellement mal nourris du fait que les 90% de nos pasteurs actuellement sont des vacataires dans les églises. Revenons au système d'appel pour que nos pasteurs prêchent 52 sermons l'an, soient à la disposition de leurs paroissiens 24/24 heures, et qu'ils s'engagent à quelques activités économiques et sociales au sein de leurs paroisses.

3. LE SYSTÈME D'OFFRANDE DE 10%

Quand nous nous sommes engages pour demander l'autonomie de l'Eglise, je me demande vraiment si nos parents avaient fait les calculs. Avaient-ils en idées que les subventions qui venaient des pays étrangers pour faire fonctionner les hôpitaux, les écoles, l'imprimerie, les léproseries, les collèges, le salaire du personnel, l'entretien des stations, des bâtiments de toutes sortes, les bourses qu'on offrait pour les études à l'étranger etc.. savaient-ils que c'est nous-mêmes qui devons générer cet argent?

Quand nous voyons nos stations se transformer en brousse, nos écoles transférer au gouvernement, nos hôpitaux devenir des écuries, notre imprimerie fermée, l'école professionnelle d'Elat, l'Université que nous venions d'ouvrir se fermer, les grands temples construits par les missionnaires, les maisons laissées par les missions et tous les immeubles tomber en ruine, que pensons-nous? D'où viendra la solution? La solution est sur l'autofinancement. Nous-mêmes devons trouver moyen de produire l'argent.

L'argent qui faisait fonctionner tout ce que les missionnaires faisaient chez nous venaient des chrétiens. Les personnes comme vous et moi, qui avaient accepté Jésus comme leur Sauveur et Seigneur ont donné, ont consenti des sacrifices financiers pour donner au Seigneur. Ceux à qui ils avaient confié cet argent l'ont honnêtement transmis aux missionnaires qui sont venus honnêtement travailler chez nous pour investir et nous laisser tout ce que nous avons reçus d'eux. Faisons exactement maintenant ce que ces chrétiens des USA et d'Europe ont fait en leur temps et cela pendant 107 ans pour nous enrichir spirituellement et matériellement. Enseignons à tous nos chrétiens, partant de nos pasteurs de consentir des sacrifices financiers pour bâtir et faire fonctionner toute l'Eglise Presbytérienne Camerounaise. Si chaque membre de l'église donnait 10% comme le prescrit la Bible (Gen.28:20-22; II Cor.9:7; Malach.3:8-12; Luc 21:1-4; Actes 20:25; Prov.3:9-10; I Cor.16:2).

4. LE SALAIRE MINIMAL DU PASTEUR

L'un des éléments essentiels dans l'appel divin est la vie de pauvreté du Pasteur. Jésus est venu naître sur terre après s'être dépouillé de tout sauf l'amour.(Phil.2:4-8). Paul nous dit ,"car vous connaissez la grâce de notre Seigneur Jésus Christ, comment, étant riche, il a vécu dans la pauvreté pour vous, afin que par sa pauvreté vous fussiez enrichis.2

Cor.8:9 2. Jésus a dit ceci à un certain riche **qui** voulait le suivre," mais le Fils de l'homme n'a pas où reposer sa tête ». Matt.8 :9.

Pour les pasteurs qui ont d'autres emplois soit au sein de l'Église Presbytérienne Camerounaise, soit au gouvernement, si ce salaire est égal ou supérieur au salaire minimal, il ne devrait plus recevoir de salaire s'il continue de garder une paroisse. Quand on devient pasteur, on opte pour la pauvreté et surtout au moment où nous devons bâtir une

Église qui risque de tomber en ruine.

5. PAROISSES DES QUARTIERS

L'objectif ecclésiastique de la création des consistoires au sein d'une Église est de permettre aux paroisses qui travaillent dans une même région d' établir une stratégique commune qui renforce leur collaboration pour le succès de la politique de l'Église Centrale. Les paroisses de l'EPC. qui travaillent côte à côte sont supposées avoir les mêmes problèmes et nécessitent les mêmes solutions.

Maintenant que nous avons ouvert les portes pour

que les consistoires créent des paroisses dans les villes, nous avons maintenant autant d'églises presbytériennes dans une même ville que de paroisses Presbytériennes.

Nous forçons un chrétien du consistoire du Ntem résidant à Obobogo juste à côté d' une paroisse Ntumu de prendre un taxi pour aller au culte Bulu à Mendong parce qu'il vient du Ntem et qu'il est Bulu. Un autre Bulu du consistoire Corisco, quoiqu'il habite à côté de la paroisse Bulu du Ntem doit aller assister au culte Bulu à Melen parce qu'il est un Bulu de Corisco Kribi. Appartenir aux groupes régionales prime sur l'appartenance ethniques et à la foi presbytérienne. Selon ce système, tous les descendants du feu Pasteur Akoa Abômô qui habitent Yaoundé doivent automatiquement aller au culte à la paroisse qui porte son nom. Imaginez de ce qu'on dirait pour celui qui est membre d'une autre paroisse en ville!

Le système de rattacher les paroisses des villes aux consistoires d'origines a crée un monstre au sein de l'EPC. Supposons que ces paroisses des quartiers dont on laisse derrière étaient baptistes ou évangéliques, y aurait-il de différence sentimentale vis-à-vis de ces paroisses pour un chrétien presbytérien qui est éduquer de cette manière d'adorer son Seigneur dans un autre quartier?

Ce qui est encore surprenant est que dans toutes les paroisses des villes, les services se font maintenant en français. Ce qui devrait même plus unir les chrétiens presbytériens des villes. Qu'on soit Bassa, Bulu, Bafia, Ngumba, Bano'o, ou Maka pourvu que l'on voit l'inscription EPC. On se retrouve chez soit. Les paroisses des quartiers regrouperaient tous les chrétiens et chrétiennes de ce quartier. On aurait la possibilité d'avoir de grandes paroisses presbytériennes dans les quartiers avec plusieurs pasteurs de différents langues si tel est le besoin. Quel bonheur d'avoir différents services et glorifier le Seigneur ensemble.

6. GROUPES DE CONSISTOIRES

Puisque les paroisses presbytériennes qui travaillent côte à
côte doivent avoir les mêmes stratégies dans leur travail, il serait préférable qu'elles s'unissent en formant les consistoires de villes. Ce qui veut dire que

là où il y a plus de trois paroisses presbytériennes dans une ville, qu'elles se constituent en consistoires rattachés aux synode au sein desquels ils travaillent. Ceci est totalement presbytérien.

7. PERSONALITÉ JURIDIQUE
AUX PAROISSES

Les subdivisions et la formation de petites paroisses comme ça ce fait dans l'EPC ne permettait pas à plusieurs de se qualifier au projet actuel. Les américains nous avaient laissé plusieurs acquis, biens mobilier et immobilier y inclus les terrains. Selon la constitution de l'EPC. Les paroisses peuvent avoir d'une personnalité juridique et jouir de tous les avantages d'un individu. Elles peuvent vendre, acheter. Le grand nombre de nos stations peuvent facilement se qualifier pour se lancer dans les affaires comme les plantations, faire l'élevage, ou construire les maisons à mettre en location.

8. DIVERSIFIÉS LES VOCATIONS

Nos Écoles de formation en théologie peuvent ajouter dans leurs programmes d'autres spécialités tel que la comptabilité, la gestion de petite entreprise, l'économie, L'agriculture, le droit, les arts, la mécanique etc....de telle sorte qu'on peu, en plus de son diplôme en théologie avoir d'autres connaissances professionnelles comme il semble qu'avant longtemps, les paroisses ne pourraient pas subvenir aux besoins matériels du pasteur.

Ce qui veut donc dire que les postes d'enseignants dans les institutions de formation doivent répondre aux orientations professionnelles aux cursus des enseignements. Le système des vacataires ne permettrait pas au maintient d'une programmation efficace et régulières de l'efficacité des formations. C'est pourquoi l'EPC elle-même doit former ou recruter ses enseignants selon les besoins.

L'idée de croire que tout diplômé en Théologie doit automatiquement servir dans la paroisse est fausse. L'EPC ne forme pas le pasteur; elle consacre les pasteurs SELON les demandes, ce qui veut dire les besoins en personnel culte. Nous disons chez nous, »Qui paye commande ». Les paroissiens payent et se sont eux qui doivent exprimer leurs besoins d'embaucher un pasteur à temps plein ou à temps partiel. Imposer un ministre d'une façon ou d'une autre à un groupe de chrétiens quand celui-ci ne s'est jamais concerté et se sentir capable de pourvoir aux besoins d'un ministre, fait plus de mal que de bien à l'Église de Christ.

Selon l'expérience de tout le temps, les 65% des petites paroisses que l'EPC est en train de créer par-ci et par-là disparaitront dans 25 ans et les grandes paroisses laissées par les missionnaires vont tomber en ruine par défaut des fonds pour les maintenir.

9. CADRES ADMINISTRATIFS ET FINANCIERS POUR LA GESTION

L'EPC doit penser à la bureaucratisation de ses institutions. Comment une Église comme la nôtre se trouve sans documents, sans passé? Nos institutions ainsi bien que l'église central sont gérés comme nos familles. Chaque nouveau venu dans un poste apporte son personnel et quand il quitte, il nettoie les tiroirs et brule les documents et le prochain s'organise de son mieux. Toutes les institutions du monde ont les bureaucrates, les personnes qui incarnent les institutions. Nous nouveau chef apporte **la** nouvelle politique alors que les bureaucrate organisent et maintiennent la gestion de l'institut qui est permanente. Il y a quelques routines, quelques règles et quelques obligations institutionnelles que seuls les bureaucrates savent. Aussi longtemps qu'une institution n'a pas ce corps, aussi longtemps que ce qu'on fait pendant son terme dans une position dans l'église s'efface aussitôt qu'on quitte son poste, la raison d'être de cette institution est nulle.

Que l'EPC prenne conscience de cet important corps qui doit être permanent dans organes de son administration allant de la paroisse au bureau central tant à l'Université Protestante que dans nos Instituts de Théologie ou recruter les employés nantis des diplômes appropriés pour se charger de la gestion du matériel, des finances et du personnel de nos institutions. Que le Pasteur exerce la profession de sa vocation. A moins qu'il soit spécialisé, le pasteur qui n'a qu'un diplôme théologique ne devrait faire que cela au sein de l'EPC qui se cherche.

10. UN VOLEUR EST UN VOLEUR

Nous sommes avant tout des chrétiens. Nous avons des consciences travaillées par la Parole de Dieu. Nous connaissons ce qu'est le péché et du salaire du péché selon la Bible (« Stipendia peccati mors », « Car le salaire du péché, c'est la mort; mais le don gratuit de Dieu, c'est la vie éternelle en Jésus-Christ notre Seigneur».Rom.6:23.

Ecoutons également ce que dit Paul dans Romains 6:1-3 "Que dirons-nous donc? Demeurerions-nous dans le péché, afin que la grâce abonde? Loin de là! Nous qui sommes morts au péché, comment vivrions-nous encore dans le péché? Ignorez-vous que nous tous qui avons été baptisés en Jésus-Christ, c'est en sa mort que nous avons été baptisés?"

Nous ne croyons pas qu'en laissant les voleurs piller l'Eglise de Jésus Christ, nous leur faisons de faveur. Si tout ce que les missionnaires avaient laissé était bien gêné, si tout l'argent qui a été volé dans nos caisses pendant les 60 dernières années pouvait nous revenir, et si la gestion des fonds que nous avons reçus depuis 1957 tant du gouvernement que des organismes étrangers était bien faite, nous ne serions pas là où nous nous trouvons aujourd'hui. Pour arrêter l'hémorragie, nous devons commencer quelque part et par des mesures sévères. Tout voleur de l'Eglise doit être traduit en justice comme voleur. Ses biens doivent être confisqués et vendus pour remboursement. Un tel acte doit constituer un cas d'excommunication automatique.

11. CRÉER DES COOPÉRATIVES

Selon la constitution de l'Eglise Presbytérienne Camerounaise, chaque session, consistoire, et synode peut assumer le caractère d'une personnalité morale. En cette qualité, elle peut légalement acheter, vendre, emprunter et engager des activités économiques en forme coopérative.

Notre Eglise à tous ses niveaux possède des biens matériels, immobiliers, terriens et assez de revenus provenant des contributions des membres qu'elle peut tourner la situation actuelle en mine d'or. Avec une bonne planification, une gestion saine confiée aux professionnels et selon les besoins croissants dans tous les domaines de notre jeune pays, l'EPC. peut s'insérer dans la production commerciale tant agricole, industrielle, qu' alimentaires. De telles coopératives peuvent collaborer avec des banques et agences qui se trouvent tant à l'intérieur qu'à l'extérieur du pays.

Non seulement que ces coopératives vont vitaliser les organes fondateurs, mais aussi elles vont contribuer, sans étranglement, aux financement d'autres organes de l'Eglise.

12. CRÉER DES ACTIONS

Je vis aux Etats-Unis depuis 1988 et je fait parti de cette culture depuis 1971. Je crois que c'est par providence que Dieu a voulu que je vive ici. Le feu Pasteur David Neely, mon ancien professeur du Nouveau Testament et de Grec nous disait en 1967 qu'il devait rentrer aux USA parce que son Eglise, l'Eglise Presbytérienne Américaine perdait ses membres par milliers chaque année.

Pendant mes études aux USA de 1971 à 1977, la grande majorité de mes camarades au Séminaire servaient des petites paroisses à temps partiels. La grande majorité des paroisses de New England, un territoire aussi grand que tout le Cameroun servent à temps partiels à cause du nombre réduit de membres dans les paroisses. Celles-ci sont incapables de payer un Pasteur. Je sers une paroisse qui avait, à mon arrive plus de 30 vieux. Ma femme et moi étions les plus jeunes. Nous avons enterré tous ses membres dans l'espace des 22 années qui ont suivi. Nous servons une petite congrégation de quelque 25 membres. La moyenne en membres des paroisses du Maine est de 50, et 80% de ceux-ci sont les personnes qui sont dans les soixantaines. Beaucoup de temples, tant protestants que catholiques sont abandonnés, détruits ou transformés en habitat. La grande majorité des paroisses qui sont encore en service restent fonctionnelles grâce aux investissements réalisés pendant des années que les églises avaient beaucoup des membres.

Quand je suis devenu Pasteur de cette petite paroisse, j'ai trouvé qu'il y avait de l'argent investi. Pendant mon séjour, quelques membres de la paroisse ont laissé de fortes sommes que nous avons ajoutés aux investissements.

Les 70% de notre budget à ce jour viennent de nos investissements. Si ceux-ci sont mal gérés, les portes de les l'église sont se fermer les jours qui suivent. Les églises qui ont négligé d'investir dans le passé ont toutes disparu de la carte. Par contre, les églises baptistes qui appliquent le système de dîme, qui sont fortement missionnaire, (il n'est pas rare de trouver que le budget missionnaire dans les paroisses baptiste est plus que celui de l'église locale; aussi, la plupart des pasteurs baptistes qui servent à temps partiels ne reçoivent pas de salaire) sont contre les investissement. Leur raison est que la mission est urgente et que ceux qui sont membres ont l'obligation de donner 10% de leurs avoirs. Il en est de même des groupes pentecôtiques qui croient à la dîme et à la mission.

Le phénomène que connaît les pays occidentaux c'est que toutes les dénominations perdent les membres au profit des églises de réveil et des groupes non-dénominationnels.

Les questions que nous de l'EPC. devrons nous poser sont celles-ci: (1) Serions nous à l'abri de ce qui arrive en occident à toutes les églises dénominationnelles incluse l'Eglise Catholique? Y –a-t-il quelque chose que nous pouvons faire maintenant pour prévenir ce phénomène? La réponse à la première question semble être non. Aussi longtemps que nous gardons le nom de dénomination, aussi longtemps que les ordres viendront du haut et que les organes de bases et plus principalement les paroisses auront à obéir ce que nous décidons dans nos assemblées, nous allons absolument perdre les membres. Quand les membres des paroisses vont commencer à sentir qu'ils sont opprimés, persécutés, forcés de faire ce qu'ils ne croient pas que le Seigneur et la Bible disent et veulent, quand ils vont être convaincu que le message que nous prêchons et la vie chrétienne des membres ne reflètent pas ce que Dieu attend d'eux, ils vont vider les rangs de l'EPC. Cette tendance de mécontenter les paroissiens dans toutes est la nome de toutes les dénominations. Nous avons tendance d'agir comme si les chrétiens n'ont pas des yeux, de conscience, des droits. Que tout ce qui leur revient ne sont que les obligations. Mais puisqu'il n'y a pas de loi, de prison dans la religion et que la volonté et la conscience sont les seules forces pour maintenir la fidélité des membres, ces deux facteurs finissent toujours pas prévaloir. Voici ce que le Président Abraham Lincoln a dit," Vous pouvez tromper quelques personnes tout le temps, et tout le peuple une partie du temps, mais vous ne pouvez pas tromper tout le peuple tout le temps".

Voici une pensée que je voudrais invite le lecteur de ce livre à comprendre pour conclure comme réponse à notre première question. Aristote a dit," Si la conscience humaine, sa raison et son être spirituel, sont les éléments qui régissent sa nature, et sa volonté en tant qu'intermédiaire, renforce leurs commandements, et si, de plus ses appétits et ses passions leurs obéissent, un tel homme est certainement le maître".

Aristote dit que (1) Notre nature humaine est régit par notre conscience, notre raison et notre être spirituel. (2) Pour que la volonté de notre nature humaine obéisse, il faut que ces trois éléments (la conscience, la raison et l'être spirituelle trouvent de l'appétit en ce qui se passé et soient passionnés. Donc c'est quand il y accord entre la conscience, la raison et l'être spirituel et que ceux-ci ont de l'appétit et sont passionnés que la volonté agit parce que l'homme croit qu'il est maître de la situation.

Ce n'est pas facile de créer l'appétit et la passion qui vont faire mouvoir la volonté chez une personne dont la conscience, la raison et l'être spirituel ne sont pas d'accord pour permettre à cet homme de se sentir le maître de la situation. J'invite les dirigeants de l'EPC. de répondre honnêtement à cette question: Est-ce que les membres de nos paroisses sont consciencieusement, raisonnablement et spirituellement d'accord de la manière dont tout se passé dans l'EPC? Est ce que leurs appétits et passions tant intellectuels et spirituels sont satisfaits? Entre 1 et 10 choisissez le niveau de volonté des membres de l'EPC aujourd'hui.

En vue de tout ce que nous venons de couvrir, je dirais qu'en réponse à la première question, l'EPC va subir les mêmes effets que connaissent toutes les dénominations chrétiennes dans le monde occidental parce qu'elle est loin de satisfaire les consciences, les raisons et les êtres spirituels des membres et surtout elle ne veut pas qu'ils soient maîtres des situations dans l'église.

A la question de savoir ce qu'on peut faire. En tant que dénomination, notre système de gouvernement ne peut pas changer en même temps, les dirigeants doivent apprendre à écouter les membres des paroisses et leur donner les droits qui sont les leurs selon la constitution de l'EPC. Refuser les congrégations à choisir ou a aimer leurs pasteurs va précipiter le manqué de volonté parce que les consciences, les raisons et les esprits des membres ne sont pas satisfaits.

Un autre facteur qui pourra retarder la fermeture de plusieurs paroisses dans l'EPC dans les années avenir est le système d'investissement. La période actuelle est celle de la vache grasse. Rappelons-nous des rêves de Pharaon quand Joseph était en prisons. Joseph a donné l'interprétation de ce rêve en recommandant à Pharaon de construire les grands magasins pour amasser le grain parce que le pays va en produire en grande quantité pendant sept ans. Ces sept années seront suivis par sept autres de sécheresse. Le pays pourra survivre que grâce à ces économies. La situation actuelle au sein de l'EPC est la même. Nos paroisses regorgent de membres. Les chrétiens sont encore très généreux. Il est presque inimaginable de savoir qu'au Cameroun que les gens donnent au nom de Jésus Christ, tant en nature qu' en espèce d'énormes sommes et à chaque occasion ou manifestation dans laquelle un Pasteur se présente. Si tous les fonds qui sont donnés au nom de Jésus Christ dans l'EPC étaient honnêtement gérés et qu'on investissait le surplus, on pourrait avoir assez d'argent pour la survie de l'Eglise Presbytérienne Camerounaise pendant plusieurs années comme il est le cas dans les 90% des Eglises Dénominationnelles d'Europe et des Etats-Unis, y comprise l'Eglise Catholique. L'EPC. vit maintenant la période de la vache grasse; qu'elle se prépare pour la période de la vache maigre qui va certainement venir.

13. LES PROCEDURES PARLEMENTAIRES

Nous sommes membres de la société modern où la recherche de ce qui est juste, bon, équitable, avantageux, meilleur est ce qui vaut la peine sans faire prévaloir les avantages personnels, régionaux ou tribaux. Nous parlons de l'Eglise de Dieu là où l'amour, la paix, le service, l'abnégation, et l'humilité nous obligent de conduire nos affaires dans l'unité et l'harmonie d'esprit. C'est justement au sein de l'Eglise que l'application des procédures parlementaires pour les assemblées délibératives doivent s'appliquer intégralement.

Voici quelques avantages de travailler sur la base des règles parlementaires: (1) Les débats se feraient sur la base de motions. Ce qui veut dire qu'on ne parlera pas des sujets en dehors des problèmes soulevés dans les rapports. Toutes les pensées des membres de l'assemblée se fixeront pour chercher les solutions aux problèmes. On sauvera le temps tout en évitant les attaques personnelles. (2) Le modérateur qui restera neutre pendant les travaux comme le requiert les règles pourra donner simultanément la paroles aux pour et contre afin de permettre aux membres de choisir la meilleur solution au moment de voter. (3) la loi, pour la première fois va valoir dans nos assises et l'Esprit de Dieu pourra influencer les débats. (4) Les travaux seront chronomètres; ce qui veut dire qu'on pourra commencer à temps et finir à temps; (5) l'assiduité, le respect, l'objectivité, l'ordre et la tranquillité vont régner pendant les travaux de nos assises allant de la session jusqu'à l'Assemblée Générale.

14. LES LAÏQUES DANS L'EGLISE

Le système gouvernemental des Eglises Presbytériennes est basé sur un dualisme administratif sur les prises de décisions. De la session à l'assemblée générale, aucune importante décision qui engage les membres de l'église ne peut être prise sans la participation aux débats et au vote d'un ancien. Il y a même les fonctions spéciales qui doivent être exercées par ceux-ci pour la bonne marche de l'Eglise. (Ac 20:25-31, Ep 4:11-13, 1 Tm 1:3, 3:4-5, 5:17, 6:20, 2 Tm 1:13-14, 2:2, 15, 3:16-17, 4:2-4, Tt 1:9, 13, 2:15 et He 13:17).

Les responsables de l'église sont des hommes majeurs spirituellement, qui surveillent, guident, enseignent, équipent et encadrent les membres. Parfois, ils devront inciter un contradicteur à se soumettre à l' autorité de l'église (He 13:17). Leurs fonctions au sein de l'église ne sont pas à négliger. Il est du devoir de l'église de les former afin qu'ils puissent bien assumer leurs responsabilités et devenir de bons collaborateurs avec les pasteurs, bergers des troupeaux de Jésus Christ.

15. LE CHOIX DES ANCIENS ET DIACRES

La Bible décrit comment choisir les anciens et des diacres. Tous les potentiels conducteurs spirituels doivent répondre à une longue liste de critères (1 Tm 3:1-7; Tt 1:5-9). La volonté et la capacité d'un homme à être ancien dépendent évidemment de l'œuvre du Saint-Esprit (Ac 20:28). Lorsque ces critères sont remplis, l'ancien en devenir est alors choisi. Nous ne devons aucunement négliger ces critères bibliques ; cela causerait une entorse grave au principe du système presbytérien. La grande différence entre l'ancien qui enseigne, ce qui veut dire le pasteur, et l'ancien qui commande, celui que nous appelons l'ancien de l'église est que l'enseignant reçoit d'abord une formation spéciale, ensuite il est autorisé par la congrégation d'être son pasteur, son instructeur en matière de foi et de religion. Mais en matière de la connaissance des Ecritures, de la doctrine chrétienne et du gouvernement de l'Eglise, les deux anciens doivent être au même niveau. C'est pour cela qu'il est du devoir de l'Eglise comme l'EPC non seulement de permettre à la congrégation de choisir des anciens dignes de ce nom, mais aussi d'assurer leurs instruction et formation continues.

Les anciens doivent pouvoir prendre la parole et discuter et trouver les solutions qui se posent au sein de l'Eglise avec le même niveau de compréhension et de connaissance que les Pasteurs. Il est fortement recommandé que les anciens occupent administratifs afin que les Pasteurs soient versé à l'enseignement. Notre Eglise mère des USA a déjà élu un ancien au poste de Secrétaire Général. Tous les postes financiers de l'Eglise doivent être entre les mains des anciens et non des Pasteurs.

Les connaissances de la Bible, des doctrines chrétiennes, des procédures parlementaires, de l'histoire de l'Eglise, et de l'organigramme de l'EPC sont quelques domaines dans lesquels nos anciens doivent être familiers.

16. LES INSTITUTS ET LES FINANCES

Les deux Instituts de Théologie et bien d'autres écoles de formation que nous avons en notre sein doivent apprendre à se financer. Les rentrées financières basées sur les subventions et les frais scolaires ne sont nullement suffisantes pour le budget d'une institution modern qui doit avoir une bibliothèque bien équipée en livres, ordinateurs, magazine, internet, matériel audio-visuel et autres.

Pour se faire, nous recommandons la création au sein de chaque institut un poste d'un agent financier qui parcourir le pays, demander des aides, présenter les besoins de l'écoles, toucher les anciens élèves, organier différentes activités pour pourvoir aux besoins de l'école.

Les anciens élèves de chaque école doivent être les premiers financiers de cette école.

17. LA BOURSE AKOA ABÔMÔ

Depuis 1977, nous avons soutenu les pensions scolaires de plus de 25 pasteurs en service au sein de l'EPC. Si chacun de ces 25 pasteurs pour financer ne serait qu'un autre étudiant et que celui-ci faisait autant pour un autre, en moins de 10 ans, on aurait atteint plus de 100 bourses Akoa Abômô. Ma prière est que ces pasteurs par exemple que j'ai soutenu puissent faire aux autres ce qui a été fait pour eux comme le dit Jésus dans Matt.7:12" "Tout ce que vous voulez que les hommes fassent pour vous, faites-le vous-même pour eux, car c'est la loi et les prophètes."

18. ALLER EN MISSION

Quand Jésus montait au ciel, il intimé l'ordre à ses disciples d'aller partout dans le monde apporter la Bonne Nouvelle du salut à toute créature humaine. Les Américains sont venus avec cette Bonne Nouvelle chez nous. A la fin de leur mission en 1957, leurs pieds avaient foulés chaque parcelle de terre qui maintenant couvre le territoire de l'Eglise Presbytérienne Camerounaise. Tout le territoire encerclé allant de Batanga sur la côte atlantique aux confins de l'Est à Japosten chez les Njem, de cette région de l'Est Cameroun à Bafia au centre, de Bafia à Edéa sur l'embouchure de la Sanaga en passant par Ilanga et Sakbayemé, est celui qui forme à la fois l'ancien territoire couvert par les missionnaires et celui que réclame l'EPC aujourd'hui. Ce qui veut dire que depuis 1957, l'EPC. n'a pas encore ajouté dans son territoire évangélique au Cameroun, ni une portion de terre additionnelle, ni une âme venant des autres tribus de la nation camerounaise. On dirait qu'elle a atteint la fin du monde.

Pour confirmer son esprit moins missionnaire pour placer les milliers de jeunes pasteurs qui ont la vocation, l'EPC est en train de sectionner les seules paroisses crées au temps missionnaire. Puisque ces petites paroisses composées sont incapables de payer les salaires des pasteurs, à cause des moyens financiers limités des membres, les 80% de ces jeunes pasteurs sont obligés de chercher d'autres emplois pour servir les paroisses à temps partiel. Nul ne peut ignorer les conséquences d'une telle carence spirituelle de la part des chrétiens. En plus de ce manque de berger et de la carence de la nourriture spirituelle ,par le biais de la caisse commune, l'Assemblée Générale impose d'énorme somme aux membres pour le salaire douze mois du pasteur qui est à temps partiel !

Pour qu'une église devienne missionnaire, elle doit (1) consolider la foi de ses membres qui vont supporter le support financier des organes hiérarchiques en charge de l'évangélisation.

(2) elle doivent avoir les pasteurs et les leaders qui insistent les masses chrétiennes à cette mission que Jésus nous a laissée.

(3) Elle doit avoir les pasteurs qui ont une vocation missionnaire allant jusqu'à sacrifier leurs vies comme nous avons vu avec les missionnaires de l'Eglise Presbytérienne Américaine et d'autres qui sont venus nous apporter la Bonne Nouvelle au Cameroun, et (4) elle doit croire que le monde actuel a besoin de la Bonne Nouvelle de Jésus Christ et si elle ne s'engage pas à cette mission, elle sera redevable au Seigneur. Quand les paroisses n'ont pas de bergers en permanence pour les nourrir spirituellement, quand les bergers ont d'autres occupations, quand les caisses de l'église à tous les niveaux sont vides, quand la foi des membres des membres n'entend pas l'appel qui peut aller en mission?

D'après cette analyse, suggérer que l'Eglise Presbytérienne s'embarque dans un champ missionnaire donnerait des résultats négatifs. Mais il y a un autre gendre de mission que nous pouvons entreprendre en notre sein. Actuellement, plus de 50% des populations du Cameroun vivent dans les villes.

Au lieu de poursuivre les tribus anciennement converties au protestantisme pourquoi ne pas évangéliser les villes et apporter Jésus Christ à ces millions de camerounais et camerounaises que nos chrétiens presbytériens croisent chaque dans nos rues des villes. Ces camerounais et camerounaises qui sont nos patrons et collègues dans les lieux de service, nos voisins dans les quartiers, nos clients dans les boîtes et nos amis de tous les jours,

Faisons de nos villes les zones d'évangélisation. Que l'idée de se faire de nouveaux membres dans les villes prenne un accent missionnaire. Que tous les chrétiens presbytériens des villes deviennent missionnaires. Ouvrons nos paroisses des quartiers à tous les habitants du quartiers pour faire de nos paroisses des villes des paroisses métropolitaines où le sens chrétien de la fraternité et de l'unité en Christ de tous ceux qui croient en son nom sera un fait palpable.

CHAPITRE VII

DES PRINCIPES BUDGÉTAIRES

Il y a quelques principes qu'on ne peut ignorer en établissant un budget.

(1) Il y a le principe d'unité et de vérité budgétaire. Toutes les recettes et les dépenses de l'unité doivent être inscrites au budget. Aucune somme d'argent ne doit être ni reçue ni dépensé au nom de l'institution sans que cela se figure au budget. Toutes les dépenses que ce soit dans le domaine administratif ou celles du fonctionnement.

(2) Il y a le principe d'annualité. Les dépenses inscrites au budget sont autorisées pour la durée d'un seul exercice budgétaire de douze mois allant du 1er janvier jusqu'au 31 décembre. En principe, les crédits non utilisés à la fin de l'exercice budgétaire pour lequel ils

ont été inscrits sont annulés.

(3) Le principe d'équilibre. Le budget doit être équilibré en recettes et en dépenses. Il est mieux qu'en fin d'exercice les recettes soient supérieurs aux dépenses et non le vis-versa.

(4) Principe d'universalité. Ce principe signifie que l'ensemble des recettes du budget couvre l'ensemble des dépenses. Ce principe implique deux règles importantes: la non-affectation et la non-contraction. La règle de non-affectation empêche qu'une recette spécifique finance une dépense spécifique. La règle de non-contraction dispose qu'il ne peut y avoir de contraction entre recettes et dépenses afin d'assurer une présentation exhaustive et complète du budget. Ainsi, les recettes et les dépenses sont inscrites pour leur montant intégral. Seules des exceptions autorisées par le règlement financier ou ses modalités d'exécution sont admises.

(5) Le principe de spécialité . Afin d'éviter toute confusion entre les différents crédits, chaque crédit doit avoir une destination déterminée et être affecté à une dépense spécifique. Le budget est structuré en sections, titres, chapitres, articles et postes. Cependant, une

certaine flexibilité de gestion étant indispensable aux institutions, le règlement financier prévoit les règles de virements des crédits. Les virements peuvent relever d'un droit autonome de l'institution ou être soumis à l'information préalable ou à la décision de l'autorité budgétaire (la session , le Conseil Général, par exemples,)

(6) Le principe de bonne gestion financière. Ce principe se définit par référence aux principes d'économie, d'efficience et d'efficacité. La mise en œuvre de ce principe passe par la définition d'objectifs vérifiables qui sont suivis à travers des indicateurs de performance mesurables, afin de passer d'une gestion axée sur les moyens à une gestion orientée vers les résultats. Les instituions doivent procéder à des évaluations ex ante et ex post, conformément aux orientations définies par l'Eglise Presbytérienne Camerounaise.

(7) Le principe de transparence. Il s'agit d'assurer la transparence dans l'établissement et l'exécution du budget, ainsi que pour la reddition des comptes. Cette transparence se traduit, entre autres, par la publication du budget et des budgets rectificatifs effectuée dans les délais fixés après la date de l'arrêt définitif du budget

par la session, par exemple.

1. STRUCTURE DU BUDGET

Établissement du budget

Les institutions doivent dresser leurs prévisions de dépenses et de recettes et les transmettre à la session (par exemple) qui établit le budget avant le 1er juillet de chaque année. Ces prévisions sont également transmises à l'autorité budgétaire pour information. La session saisit ensuite le Comité chargé d'établir l'avant-projet de budget au plus tard le 1er septembre de chaque année. Cet avant-projet regroupe les prévisions de tous les départements et présente une synthèse générale des dépenses et des recettes à la session. La session peut être saisi d'une lettre rectificative modifiant l'avant-projet du budget.
La Session adopte par la suite le budget de la paroisse selon la procédure en place. Lorsque cette procédure est achevée, le Pasteur constate l'arrêt définitif du budget. A partir de la date de ce constat, les sections, titres, chapitres, articles et postes deviennent

redevables des sommes qu'ils doivent verser dans les conditions prévues dans le cadre du système des ressources propres.

Le règlement financier prévoit, dans certaines circonstances exceptionnelles, la possibilité d'établir des projets rectificatifs. La distinction entre budgets supplémentaires et budgets rectificatifs a été supprimée.

Structure et présentation du budget .

Le budget comporte:

1).un état général des recettes et des dépenses;

2).des sections divisées en états des recettes et des dépenses de chaque institution.

3). Les recettes de la session ainsi que les recettes et les dépenses des autres institutions sont classées par titres, chapitres, articles et postes suivant leur nature ou leur destination.

4). L'état des dépenses de la section de la Commission est présenté selon une classification par destination des crédits. Un titre correspond à un domaine politique et un chapitre à une activité. Le règlement introduit donc une méthode d'établissement du budget par activité ou « activity-based budgeting ». Le budget ne peut comporter de recettes négatives. 5) une réserve pour les aides d'urgence.

Le budget fait apparaître dans l'état général des recettes et des dépenses :

1). les prévisions de recettes pour l'exercice concerné;

2).les recettes prévues de l'exercice précédent et les recettes de l'exercice

n - 2; 3) les crédits d'engagement et de paiement pour l'exercice concerné et l'exercice précédent;

4). les dépenses engagées et les dépenses payées au cours de l'exercice

n - 2; 5). un état récapitulatif des échéanciers des paiements (à effectuer au cours des exercices ultérieurs);

6). les commentaires appropriés pour chaque subdivision.

Le budget fait également apparaître:

1). un tableau des effectifs pour chaque section du budget;

2). les opérations d'emprunt et de prêt; 3). les lignes budgétaires en recettes et en dépenses nécessaires pour la mise en œuvre du Fonds de garantie relatif aux actions extérieures.

2. EXECUTION DU BUDGET

La session exécute le budget en recettes et en dépenses, sous sa propre responsabilité et dans la limite des crédits alloués. L'exécution des crédits inscrits au budget pour toute action de l'Eglise requiert l'adoption préalable d'un acte de base (acte de droit dérivé). Toutefois, peuvent être exécutés sans acte de base: Modes d'exécution. On peut exécuter le budget soit en manière centralisé, soit en gestion partagé ou décentralisée, soit en gestion conjointe avec des organisations

A. Le Secrétariat Général exécute le budget: (a) de manière centralisée : Les tâches d'exécution sont effectuées soit directement par ses services, soit indirectement par des agences exécutives créées par la Commission, par des organismes créés par l'EPC pourvu que leur mission soit compatible avec celle définie par l'acte de base ou sous certaines conditions par des organismes nationaux publics ou entités de droit privé investis d'une mission de service public.

B. En gestion partagée ou décentralisée :

Des tâches d'exécution sont déléguées à des Départements (gestion partagée) ou à des Institutions (gestion décentralisée). Le Secrétariat Général met en œuvre des procédures d'apurement des comptes ou des mécanismes de corrections financières lui permettant d'assumer sa responsabilité finale dans l'exécution du budget.

C. En gestion conjointe avec des organisations :

Certaines tâches d'exécution sont confiées à des organisations à l'intérieur de l'Eglise : hôpitaux, collèges par exemple.

2. ACTEURS FINANCIERS

Il existe un principe de séparation des fonctions. Ainsi, les fonctions d'ordonnateur et de comptable sont séparées et incompatibles entre elles.

L'ordonnateur est chargé d'exécuter les recettes et les dépenses conformément aux principes de bonne gestion financière et d'en assurer la légalité et la régularité. Cette fonction est exercée par l'institution elle-même. Elle détermine dans ses règles administratives internes les agents de niveau approprié auxquels elle délègue cette fonction (ordonnateurs délégués). L'ordonnateur met en **place** la structure organisationnelle ainsi que les systèmes et les procédures de gestion et de contrôle internes adaptés à l'exécution de ses tâches.

Chaque institution nomme un comptable qui est chargé:

(1) de la bonne exécution des paiements, de l'encaissement des recettes et du recouvrement des créances constatées

(2) de préparer et de présenter les comptes;

(3) de la tenue de la comptabilité;

(4) de définir les règles et les méthodes comptables ainsi que le plan comptable ;

(5) de définir et de valider les systèmes comptables ainsi que le cas échéant de valider les systèmes définis par l'ordonnateur et destinés à fournir ou justifier des informations comptables;

(6) de la gestion de la trésorerie.

En outre, des régies d'avances peuvent être créées en vue de l'encaissement de certaines recettes et le paiement de dépenses de faible montant.

Les régisseurs d'avances sont alors désignés par le comptable de l'institution.

<u>Responsabilité des acteurs financiers</u>

Sans préjudice d'éventuelles mesures disciplinaires, tout ordonnateur, comptable ou régisseur d'avances peut à tout moment être, temporairement ou définitivement, suspendu de ses fonctions. Tout ordonnateur, comptable ou régisseur d'avances engage sa responsabilité disciplinaire et pécuniaire, dans les conditions prévues par le statut. Pour déterminer l'existence d'une irrégularité financière et ses conséquences éventuelles chaque institution met en place une instance spécialisée.

Opérations de recettes

Les recettes constituées par les ressources propres font l'objet d'une prévision inscrite au budget et exprimée en francs CFA.. Elles sont mises à disposition conformément à un règlement spécifique.

Toute mesure ou situation de nature à engendrer ou à modifier une créance de la session fait préalablement l'objet d'une prévision de créance de la part de l'ordonnateur compétent. Par dérogation, les ressources propres versées à échéances fixes par les membres ne font pas l'objet d'une prévision de créance préalable. Elles font l'objet, de la part de l'ordonnateur compétent, d'un ordre de recouvrement.

L'ordonnateur procède ensuite à une constatation des créances en:

- vérifiant l'existence des dettes du débiteur;
- déterminant et vérifiant la réalité et le montant de la dette;
- vérifiant les conditions d'exigibilité de la dette.

L'ordonnancement des recouvrements est l'acte par lequel l'ordonnateur compétent donne au comptable, par l'émission d'un ordre de recouvrement, l'instruction de recouvrer une créance qu'il a constatée.

Le comptable prend en charge les ordres de recouvrement des créances dûment établis par l'ordonnateur compétent. Il procède au recouvrement par compensation et à due concurrence des créances de la session à l'égard de tout débiteur lui-même titulaire d'une créance certaine, liquide et exigible à l'égard de la session. Lorsque l'ordonnateur délégué compétent envisage de renoncer à recouvrer une créance constatée, il s'assure que la renonciation est régulière et conforme au principe de bonne gestion financière et de proportionnalité.

Opérations de dépenses

Toute dépense fait l'objet d'un engagement, d'une liquidation, d'un ordonnancement et d'un paiement. Sauf lorsqu'il s'agit de crédits qui peuvent être exécutés sans acte de base, l'engagement de la dépense est précédé d'une décision de financement adoptée par l'institution ou les autorités déléguées par celle-ci. L'engagement budgétaire consiste dans l'opération de réservation des crédits nécessaires à l'exécution de paiements ultérieurs en exécution d'un engagement juridique. L'engagement juridique est l'acte par lequel l'ordonnateur crée ou constate une obligation de laquelle il résulte une charge. L'engagement budgétaire et l'engagement juridique sont adoptés par le même ordonnateur, sauf cas dûment justifiés, prévus par les modalités d'exécution.

La liquidation d'une dépense est l'acte par lequel

l'ordonnateur compétent:

- vérifie l'existence des droits du créancier;
- détermine ou vérifie la réalité et le montant de la créance;
- vérifie les conditions d'exigibilité de la créance.

L'ordonnancement des dépenses est l'acte par lequel l'ordonnateur compétent, après avoir vérifié la disponibilité des crédits, donne au comptable, par l'émission d'un ordre de paiement, l'instruction de payer le montant de la dépense dont il a effectué la liquidation.

Le paiement des dépenses doit s'appuyer sur la preuve que l'action correspondante est conforme aux dispositions de l'acte de base ou du contrat et couvre une ou plusieurs des opérations suivantes:

- un paiement de la totalité des montants dus;
- un paiement des montants dus selon les modalités suivantes: un préfinancement, éventuellement fractionné en plusieurs versements; un ou plusieurs paiements intermédiaires; un paiement de solde des montants dus.

Les délais des opérations de dépenses sont fixés par les

modalités d'exécution qui précisent également les conditions dans lesquelles les créanciers payés tardivement peuvent bénéficier d'intérêts de retard à la charge de la ligne supportant la dépense en principal.

Auditeur interne

Chaque institution crée une fonction d'audit interne qui doit être exercée dans le respect des normes internationales pertinentes. L'auditeur interne ne peut être ni ordonnateur ni comptable. L'auditeur interne, désigné par l'institution, est responsable envers celle-ci de la vérification du bon fonctionnement des systèmes et des procédures d'exécution du budget. Il n'a pas pour fonction d'exercer un contrôle, préalable aux décisions des ordonnateurs, de ces opérations, fonction qui relève dorénavant exclusivement de ces ordonnateurs.

L'auditeur interne conseille son institution dans la maîtrise des risques, en formulant des avis indépendants portant sur la qualité des systèmes de gestion et de contrôle. Il peut également émettre des recommandations pour améliorer les conditions d'exécution des opérations et promouvoir la bonne gestion financière.

PASSATION DES MARCHÉS

Les marchés sont des contrats à titre onéreux conclus entre une institution et un opérateur économique. L'institution est alors désignée comme étant le pouvoir adjudicateur.

Le règlement détermine ainsi le champ d'application et les principes fondamentaux régissant l'attribution des marchés. Il fixe les obligations de publicité ainsi que les procédures de passation des marchés. Tous les marchés doivent faire l'objet d'un contrat écrit et sont conclus par le pouvoir adjudicateur pour son propre compte ou pour le compte d'un tiers bénéficiaire, soit par ce bénéficiaire ou par un tiers mandaté par lui, dans le secteur des actions extérieures. Dans un souci de transparence, la session a pour obligation de faire connaître son choix à tous les candidats et soumissionnaires. Les personnes fournissant des informations trompeuses ou frauduleuses ou qui se trouvent dans une situation de conflit d'intérêts pourront désormais être exclues du marché. Les informations les concernant sont saisies dans une base de données également accessible aux autres institutions de l'Eglise.

DES SUBVENTIONS

Le règlement détermine le champ d'application des subventions, leur procédure d'octroi, leur paiement et contrôle. Les subventions sont des contributions financières directes à la charge du budget, accordées à titre de libéralité en vue de financer :

- soit une action destinée à promouvoir la réalisation d'un objectif qui s'inscrit dans le cadre d'une politique de la paroisse.
- soit le fonctionnement d'un organisme poursuivant un but d'intérêt général ou un objectif qui s'inscrit dans le cadre d'une politique de la paroisse.

L'octroi de subventions est soumis aux principes de transparence, d'égalité de traitement, de non-cumul, de non-rétroactivité et de co-financement . En outre, la subvention ne peut donner lieu à profit pour son bénéficiaire. Toutes les subventions octroyées font l'objet d'une publication annuelle dans le respect des exigences de confidentialité et de sécurité.

REDDITION DES COMPTES ET COMTABILITÉ

Les comptes de la session comprennent:
- les recettes venant des dîmes
- les recettes venant des offrandes de dimanche
- Les recettes venant des frais de baptême
- Les recettes venant de la Fête de récoltes
- Les dons reçues des membres
- Etc.....

La comptabilité de la session est le système d'organisation de l'information budgétaire et financière permettant de saisir, classer et enregistrer des données chiffrées. La comptabilité se compose d'une comptabilité générale et d'une comptabilité budgétaire. Ces comptabilités sont tenues par année civile en francs CFA.

La philosophie de gestion

La philosophie de gestion de l'Eglise Presbytérienne

Camerounaise favorise des comportements qui reposent sur les valeurs suivantes :

- la transparence et l'équité;
- le développement d'un climat de confiance;
- l'écoute, la compréhension et la collaboration mutuelles entre les membres du personnel;
- la reconnaissance et la valorisation des contributions des personnes et des groupes afin de favoriser l'accomplissement de chaque individu;
- la cohérence des actions et des décisions en matière de gestion des ressources humaines;
- la promotion d'habitudes de vie qui favorisent le plein épanouissement de la personne;
- la valorisation de la qualité des relations personnelles et professionnelles.

LES RESOURCES HUMAINES :

- Les principes pour une bonne gestion qui
- guident la gestion des ressources humaines sont les suivants :

reconnaître	
l'individu	considérer chaque membre du personnel comme une personne unique et la respecter dans ses qualités propres et son apport original quant à l'atteinte des objectifs institutionnels;
sens du travail collégial	agir au sein d'un groupe de travail dans un esprit de complémentarité et de collaboration réciproque dans l'atteinte d'objectifs communs;
intégration	agir de façon à susciter le sentiment d'appartenance;
responsabilisation	encourager les membres du personnel à s'investir et à s'engager face aux projets et aux objectifs institutionnels, à faciliter et à soutenir leurs initiatives, à développer chez chacun d'entre eux le sentiment de pouvoir participer à l'organisation et à la gestion de leur travail;

satisfaction	mettre en place des conditions faisant en sorte que chaque membre du personnel soit fier de son travail et puisse y trouver une source de valorisation et de créativité;
efficacité	s'assurer que tous les membres du personnel font converger leurs actions pour atteindre des objectifs visés en ayant le souci de maintenir la qualité dans la réalisation du travail.

- Cadre de responsabilisation de gestion (CRG);
- gestion des ressources humaines;
- gestion des finances;
- gestion des acquisitions;
- gestion de l'information.

14 PRINCIPES DU MANAGEMENT

-

1. Division du travail → Le but est d'arriver à produire plus et mieux avec le même effort. Et devenir plus productif.

2. Autorité – Responsabilité Autorité → droit de commander et pouvoir de se faire obéir

Responsabilité → l'autorité s'accompagne toujours d'une responsabilité soit une sanction qui récompense ou pénalise l'exercice du pouvoir

3. Discipline → L'obéissance, l'assiduité, l'activité, la tenue et les signes extérieurs de respect doivent être réalisés conformément aux conventions établies entre l'entreprise et les agents/employés

4. Unité de commandement → Un agent ne doit recevoir d'ordre que d'un seul chef

Sinon :   L'autorité est compromise

                La discipline est compromise

                L'ordre est troublé

La stabilité de l'organisation du travail est menacée

5. Unité de direction→ Un seul chef et un seul programme pour un ensemble d'opération visant le même but

→ Le principe d'unité de direction est le fondement essentiel au principe d'unité de commandement

6. Subordination de l'intérêt général

→ L'intérêt général de l'organisation doit prévaloir sur l'intérêt particulier.

7. Rémunération du personnel

→ Donner au personnel le prix du travail/service rendu

→ La rémunération doit être équitable et donner satisfaction à la fois à l'employé et à l'entreprise

8. Centralisation

→ Les décisions et la planification sont centralisées et prises par la haute direction

9. Hiérarchie

→ La série de dirigeants allant de l'autorité de supérieurs aux travailleurs à la base de l'organisation

→ La hiérarchie est la voie par laquelle doit passer, palier par palier, les communications venant de l'autorité supérieure et/ou adressées à l'autorité supérieure

10. Ordre

Ordre matériel → une place pour chaque chose et chaque chose à sa place

Ordre social → une place pour chaque personne et chaque personne à sa place

Objectif visé par le principe de l'ordre → éviter les pertes de matière et de temps

11. Équité

→ L'équité va au-delà de la justice qui n'est que le respect des conventions établies

→ L'équité implique une interprétation des conventions et une forme de bienveillance

12. Stabilité du personnel

→ Étant donné que l'employé doit s'initier à une tâche et la maîtriser, un roulement élevé du personnel est coûteux et néfaste

13. Initiative

→ Valoriser l'initiative de tous : dirigeants et employés

→ L'initiative est la possibilité de concevoir, d'exécuter et la liberté de proposer

CONCLUSION

E.P.C. ! DONNE UNE DEUXIÈME CHANCE À DIEU !

Un certain du nom de Jill A Davis,
« *Les deuxièmes chances sont à notre disposition, comme les trains, ils arrivent et partent régulièrement. Reconnaître celles qui comptent est la difficulté* ».

<u>Introduction</u> : J'ai longuement pensé sur la manière de conclure ce livre qui est en lui-même un projet, une révolution et un travail qui devrait recevoir l'assentiment des groupes dirigeants et de toutes les forces vives de l'EPC.

Antoine de Saint-Exupéry a dit, "**Si tu veux construire un bateau, ne rassemble pas tes hommes et femmes pour leur donner des ordres, pour expliquer chaque détail, pour leur dire où trouver chaque chose... Si tu veux construire un bateau, fais naître dans le cœur de tes hommes et femmes le désir de la mer.**"

Ce que j'ai fait à travers les pages que nous venons de

parcourir est de faire appel à mon chère Eglise Presbytérienne Camerounaise de d'abord avoir ce que je vois et par la suite avoir la volonté et le courage de se mettre en route de rebâtir l'Eglise de Christ au Cameroun. Ne regardant pas derrière mais avec foi et espoir en celui qui est la Tête de son Eglise, mettons-nous au travail semble étant assistés par le Saint-Esprit.

Marcel Proust a dit, « *Le véritable voyage de découverte ne consiste pas à chercher de nouveaux paysages, mais à avoir de nouveaux yeux* ». Notre succès dans cette nouvelle entreprise dépendra totalement aux nouveaux yeux que chacun de nous aura.

Je me rappelle du titre d'un message que j'avais délivré pendant le culte matinal que nous tenions à la chapelle du Séminaire chaque Jeudi à 10h00. J'étais encore étudiant dans les années 1960. Je ne me rappelle plus du passage mais du thème « *DEVIENS CELUI QUE TU ES. FAIS CE QUE TOI SEUL PEUT FAIRE* » C'était une citation de Friedrich Nietzche.

Chacun de nous est capable de faire quelque chose pour remettre l'EPC sur le bon chemin afin qu'elle devienne ce qu'elle est. Qu'elle accomplisse sa vocation et serve Dieu pour le salut de plusieurs pécheurs. Rappelons-nous que nous nous tiendrons devant Dieu qui jugera nos actions.

Lecteur de ce livre, joignez-moi d'une manière ou d'une autre pour sauver l'Eglise Presbytérienne Camerounaise. Le bilan de l'évolution de l'EPC depuis le 11 novembre 1957 ne glorifie pas notre Seigneur qui est aux cieux. Je remercie Dieu de m'avoir donné une seconde chance malgré les erreurs que j'ai commises dans ma vie. Il ne m'a pas abandonné. Chaque fois que je m'égare, il revient pour me donner une autre chance. Louange à Dieu pour sa patience et sa miséricorde !

Dieu donne des messages spéciaux à quelques individus et de temps en temps pour nous rappeler à l'ordre et attirer notre attention vers lui. Il utilise les moments, les circonstances, les rêves, et même parfois nos faiblesses pour le faire. Sachant comment les choses vont au sein de l'EPC et dans toute la République du Cameroun, l'EPC notre Seigneur veut que nous devenons la lumière de cette nation. Quelle est votre réponse ?'

Proverbes 6: 9-« *Paresseux, jusqu'à quand seras-tu*

couché? Quand te lèveras-tu de ton sommeil? Un peu de sommeil, un peu d'assoupissement. Mais si on continue de croiser les mains, nous connaissons le suite. Les dernières 60 ans doivent nous avoir appris cette leçon. Cultivons nous champs et la disette passera.

Que le Seigneur bénisse son Eglise sur terre.

Cette revision date du 26 Septembre 2017

BIOGRAPHIE.

(1) La Gestion des Ressources Humaines, Jean-Pierre Citeau, 2002

(2) Gestion Financière, Gérard Melyon 2012

(3) La notion de «gestion de l`Eglise» suscite une certaine irritation , Daniel Kosch publiée dans la revue «La Politique» no 3/2011

(4)La croissance de l'Eglise : Outils et réflexions pour dynamiser nos paroisses

Faire bouger l'Eglise catholique

(5) Management Essentials for Christian Ministries by Michael Anthony and James R. Estep (Mar 1, 2005)

(6) Business Management in the Local Church by David R. Pollock and Larry Burkett (1996)

(7) The Church Leader's MBA: What Business School Instructors Wish Church Leaders Knew about Management by Dr. David Wright and Dr. Mark Smith (May 11, 2011)

(8) Matthew Henry's Commentary.

Vol. 3 pp. 649-656